Die Welt erleben

SCHWEDEN

Land der Schären und Elche

Peter Mertz
Petra Woebke

BRUCKMANN

Willkommen in Schweden

Seite 10 *Das Naturreservat Hoburgen im Süden der Insel Gotland ist umgeben von kristallklarem Wasser, in dem weithin grellgrüne Algen leuchten.*

Seite 12/13 *Seit 2000 verbindet die 7854 m lange Öresundbrücke Schweden mit Dänemark.*

SCHWEDEN
N
0
100 km
LOFOTEN
NORDMEER
NORWEGEN
Skibotn
Inari-
järvi
Inari
RUSS-
LAND
Narvik
Abisko
Riksgränsen
Karesuando
Torneälv
2117 m
Kebnekaise
Kiruna
Sodankylä
Stora
Lulevatten
Fauske
2089 m
Sarektjåkka
Gällivare
Pajala
LAPPLAND
Porjus
Kemijärvi
Rovaniemi
Nördlicher Polarkreis
Jokkmokk
NORRBOTTEN
Kuusamo
Mo i Rana
Luleälv
Ammarnäs
Hornavan
Arjeplog
Töre
Tornio
Haparanda
1767 m
Norra
Storfjället
Storavan
Piteälv
Luleå
Sorsele
Arvidsjaur
Piteå
Oulu
(Uleåborg)
Vindelälv
Storuman
Jörn
Skellefteälv
Skellefteå
Kontiomäki
Vilhelmina
VÄSTERBOTTEN
Oulujärvi
Bottnischer Meerbusen
ÅNGERMANLAND
Umeå
Strömsund
JÄMTLAND
Kokkola
(Gamlakarleby)
Ramsele
Kallsjön
Trondheim
Åre
Glösa
Örnsköldsvik
Storsjön
Östersund
Sollefteå
Vaasa
(Vasa)
Kallavesi
lesund
1796 m
Helagsfjällen
Kramfors
Höga Kusten
FINNLAND
Bräcke
MEDELPAD
HÄRJEDALEN
Härnösand
Jyväskylä
Sundsvall
Sveg
Ljusnan
HÄLSINGLAND
Österdalälven
DALARNA
Ljusdal
Hudiksvall
Bollnäs
Pori
(Björneborg)
Tampere
(Tammerfors)
Lillehammer
Rauma
Lahti
Mora
Siljan
Kouvola
Falun
Gävle
Turku
(Åbo)
Kotka
Klarälven
GÄSTRIKLAND
Helsinki
(Helsingfors)
Ludvika
Dalälven
UPPLAND
Oslo
Uppsala
Meerbusen
VÄRMLAND
Norrtälje
VÄSTMANLAND
Finnischer
Tønsberg
Karlstad
Karlskoga
Strängnäs
Mälaren
Vaxholm
Tallinn
Gripsholm
Stockholm
Örebro
NÄRKE
SÖDERMANLAND
Peipsi
järv
Tanum
Nynäshamn
DALS-
LAND
Vänern
ÖSTER-
Trosa
ESTLAND
Hamburgsund
Karls-
borg
Norrköping
Nyköping
Kristiansand
SOTENÄS
Vänersborg
Uddevalla
Vättern
Linköping
GOTSKA
SANDÖN
Skagerrak
BOHUSLÄN
GÖTLAND
VÄSTER-
Göteborg
Borås
Frederiks-
havn
Jönköping
GOTLAND
Visby
Västervik
Trollwald
GOTLAND
Varberg
Bolmen
SMÅLAND
Oskarshamn
Ålborg
Falkenberg
Riga
Kattegat
Borgholm
LETTLAND
Holstebro
Halmstad
Ljungby
Växjö
Kalmar
DÄNEMARK
HALLAND
ÖLAND
Daugava
Helsing-
borg
Århus
OSTSEE
Helsingør
Kristianstad
BLEKINGE
Karlskrona
Kolding
SKÅNE
Schloss Vittskövle
LITAUEN
København
bjerg
Malmö
Simrishamn
Odense
Korsør
Trelleborg
Ystad

TS
S606

Das Land der Schären und Elche erleben

Die weite Landschaft, die reiche Natur, die Schärenküsten, die verträumten Felder mit roten Höfen und knorrigen Zäunen, die Wälder und einsamen Fjälls, das unvergessliche nordische Licht – dies alles sind Bilder, die wir mit Schweden verbinden. Schweden ist in der Tat eine harmonische Einheit aus Wasser und Stein, aus strahlendem Licht und betäubender Dunkelheit, aus unbarmherziger Natur, malerischen Dörfern und mondänen Metropolen. »Es ist ein Land«, so Selma Lagerlöf, »in dem sich Lichtes und Lächelndes, Dunkles und Ernstes einfach wundervoll vermischen«. Schweden – das ist der Traum von Natur und Freiheitsgefühl. Välkommen!

Ein Dreimaster unter vollen Segeln steuert im Schärengarten vor Stockholm die Insel Vaxholm an.

Schweden ist eine Herausforderung

Schweden ist eine Herausforderung. Das soll heißen, dass wir es mit einem Land zu tun haben, das zu den letzten Naturparadiesen Mitteleuropas gehört. Wir erleben hier eine feine Mischung aus wilder und lieblicher Landschaft, aus rauer Natur und hoch technisierter Gesellschaft, die jedoch selten zum Widerspruch wird. Wie selbstverständlich Hightech und Tradition, Progressivität und alte Bräuche miteinander leben, wird uns schnell gegenwärtig. Und inszeniert ist das alles in traumhaften Landschaften, Kulissen mit wunderschöner Natur: Ein deutliches Nord-Süd-Gefälle führt uns von den Stränden Skånes bis zu den einsamen Fjälls der Samis hoch über dem Polarkreis.

Gewiss wird man auch in diesem Land ähnliche Probleme antreffen, wie sie ebenso bei uns zu Hause allgegenwärtig sind. Schweden ist kein Traumland, das fern der Wirklichkeit nur paradiesische Bedingungen bietet. Doch eine Reise durch dieses Land wird stets zur Herausforderung, denn sie ist nie ganz vorhersehbar.

Schweden ist eine Herausforderung. Es ist zwar »nur« das viertgrößte Land Westeuropas, doch seine lang gestreckte Form, die über 13 Breitengrade und knapp 1600 Kilometer vom Öresund im Süden bis zum Torneträsk in den hohen Norden reicht, verleiht dem Land eine fast unendliche Dimension. Wer auf den Spuren Nils Holgerssons unterwegs ist, bewegt sich zwischen zwei Meeresküsten, 100 000 Seen, dutzenden einsamen Fjälls und dichten, einsamen Wäldern. Der Reisende wird gleichermaßen einen modernen Industriestaat und ein Reservat der letzten ursprünglichen Landschaften Europas vorfinden. Denn obwohl es hoch industrialisiert ist, lässt sich Schweden auch heute noch weitgehend so erleben, wie es Nils Holgersson bei seinem wunderbaren Flug mit den Wildgänsen vor 100 Jahren tat.

Ein erstes Gefühl für das gewürfelte Tuch verleiht uns eine Autofahrt von Skåne bis zum nördlichsten Punkt Lapplands. Auf die Vierkanthöfe und Dörfer nach kontinentalem Muster folgt das eigenwillige Bohuslän mit seinen Schärenküsten.

Hier tritt die schwedische Urgeschichte in Form von zahllosen Felsritzungen wie in einem Bilderbuch aus Stein zutage.

Die riesigen Wälder Värmlands mit den darin eingebetteten lichtblau glänzenden Seen – ein erster Vorgeschmack des Nordens – strahlen ebenso viel Einsamkeit aus wie die wilden, dicht bewaldeten Anhöhen Smålands, laut Selma Lagerlöf ein »zerfetzter Teppich auf Spiegelglas«. Dörfer wie Kattult oder Vimmerby wurden als Heimat von Pippi Langstrumpf und Michel von Lönneberga weltbekannt.

Durch Västergötland zieht sich der Götakanal, ein blaues Band zwischen goldgelben Kornfeldern und den großen Seen Vänern und Vättern. Er ist der ganze Stolz schwedischer Ingenieurskunst des 19. Jahrhunderts.

An den Ufern des Mälarsees erhebt sich die Hauptstadt Stockholm, die Mälarkönigin, die auf 14 Inseln erbaut wurde. Sie steigert das schwedische Wechselspiel aus Wasser und Licht, aus Stein und Glas zu einem ungeahnten Fortissimo. Das Selbstbewusstsein der Schweden kommt an keinem Ort deutlicher zum Ausdruck als in ihrer strahlenden Hauptstadt.

An seinem Westrand zieht sich wie ein steinernes Rückgrat ein Gebirge entlang, das sich nach allen Seiten zum Meer hin senkt und seine breiten Ströme zur Bott-

1 *Die Altstadt von Söderköping war Kulisse für Inga-Lindström-Filme.* – 2 *Der Sergelstorg mit der beleuchteten Säule bildet das Zentrum des modernen Stockholm.* – 3 *Ausgelassene Stimmung herrscht in Stockholm im Sommer häufig.*

2

3

1

2

nischen See ausschickt. Und die See ist allgegenwärtig, ob in Bohuslän, an der Bästkust, auf Gotland oder in Schonen. Gefurcht von den Wogen und Winden, aus Granit erbaut, präsentiert sich an den Küsten ein eigenwilliges und einzigartiges Land, das einem Labyrinth aus Wasserstraßen und Felskuppen gleicht. Es ist durchsetzt mit den weißen Kielen der Segelboote, geschmückt mit den farbenfrohen Holzhütten der Fischer. Man könnte meinen, Land und Meer hätten sich nicht geeinigt, wo sie anfangen oder wo sie enden wollen. Dies ist ein Grenzland mit einer endlos scheinenden Küste, beständig und flüchtig zugleich, ein Saum für ein Land aus Zeit und Raum. Im Sommer ist die Region das Saint-Tropez des Nordens, im Winter unwirtlich kalt und stürmisch, ein Dialog aus Wind und Wellen, dazwischen die Menschen in ihren meist roten und gelben Holzhäusern, dem Wind und dem Wetter trotzend.

Erste Bekanntschaft mit dem Mittsommerland

Schon ein Blick auf die Landkarte macht deutlich, dass Schweden innerhalb Europas aus dem Rahmen fällt. Es ist zwar nur das viertgrößte Land Europas – Spanien, Frankreich und Russland sind größer –, doch verleiht ihm seine langgestreckte Form die Dimension des Unendlichen. Je weiter man nach Norden kommt, umso häufiger geben die Schweden die Entfernungen in »mil« an. Diese Angabe umfasst zehn Kilometer – ein Versuch, die großen Distanzen zumindest sprachlich zu verringern. Jeder, der Schwedens Mischung aus Kulturlandschaft und Wildnis einmal erlebt hat, versteht, dass die Bewohner ihr Land mit Stolz repräsentieren. Die außergewöhnliche Weite des Landes, die Freiheit, die wir hier genießen, und der für den vom Lärm und Stress geplagten Urlauber wahre Luxus der Einsamkeit und der Ruhe machen den Ruf des Landes aus. Die langen Distanzen, die schwer zu zähmende Landschaft, das bisweilen raue Klima und die mancherorts fast unmenschlich harten Lebensbedingungen haben zudem die Bewohner geprägt: Sie verstehen es, mit der Natur zu leben. Der wahre Schwede gibt sich derart melancholisch und verschlossen, dass er auf uns fast langweilig oder gar humorlos wirkt. Doch ebenso wie sein Land versteht auch er es, sich zu öffnen – zwar langsam, aber dennoch bestimmt.

Sehen wir uns die Schweden einmal genauer an. Entlang der 1600 Kilometer vom Skagerrak im Süden bis zum Torneträsk im Norden erstreckt sich ein fast 450 000 Quadratkilomer großes Land, in dem knapp neun Millionen Menschen wohnen. Die Siedlungsdichte beträgt kaum 18 Einwohner pro Quadratkilometer, in den nördlichen Breiten Lapplands sind es sogar weniger als zwei.

3

4

5

1 *Eine typische Schäreninsel im Nationalpark Kosterhavet an Schwedens Westküste.* – 2 *Herbst im Vindelfjäll bei Ammarnäs im südlichen Lappland.* – 3 *Sommerhaus-Einsamkeit in den Dünen von Melbystrand in Skåne.* – 4 *Uneingeschränkter König der nordischen Wälder ist der Elch.* – 5 *Im Naturreservat Koön in der Nähe von Marstrand nördlich von Göteborg.*

Seit jeher unterteilen die Schweden ihr Land in 25 Landschaften oder Provinzen, die wiederum zu drei Großregionen zusammengefasst werden: Norrland, Svealand und Götaland. Die südlichen Regionen sind nach den Stämmen der Svaer und Goten benannt. Svealand, die Großregion in der Mitte, gab dem gesamten Reich seinen Namen, obwohl die Bezeichnung Götaland geschichtlich betrachtet weit bedeutender wäre.

Heute gibt es insgesamt 24 Verwaltungsregionen, auf Schwedisch »Län« genannt, die sich jedoch nur teilweise mit den 25 »Landschaften« decken. Die Tatsache, dass jedem »Län« ein charakteristisches Tier und eine Pflanze zugeordnet werden, beweist Schwedens Wertschätzung für die Natur.

Und diese Natur ist einzigartig: Den größten Teil Schwedens nehmen Wälder und Seen ein. Fast 57 Prozent der Fläche sind vorwiegend mit nadelreichen Mischwäldern bewachsen, weiter im Norden dominiert der Birkenwald und setzt sich in Kontrast mit schier endlos scheinenden Moorflächen.

Die fast 100 000 Seen nehmen mehr als 15 Prozent oder knapp 60 000 Quadratkilometer der Landesfläche ein. Der riesige Vänernsee ist mit 5500 Quadratkilometern Fläche der größte Süßwasserspeicher Westeuropas. Der nördlichste Punkt Schwedens liegt im Dreiländereck mit Finnland und Norwegen. Das »Dreieck des Friedens«, das hier schon im Jahr 1814 die Grenzen markierte und seither nicht mehr in Frage gestellt wurde, liegt vom südlichsten Punkt in Schweden, Trelleborg, ebenso weit entfernt wie Neapel.

Ein Blick in die Naturgeschichte

Schwedens Entstehung ist gleichzusetzen mit dem Zeitpunkt, als der Eispanzer der letzten großen Eiszeit zu schmelzen begann und die Landmasse freigab. Was darunter zum Vorschein kam, war jahrtausendelang überformter Granit. Die Gletscher schufen sowohl die groben Landschaftsstrukturen als auch die steinernen Becken für die zahlreichen Seen. Den riesigen Ausmaßen des Naturraumes ist es also zuzuschreiben, dass Schwedens Geschick stets von den Naturgewalten geprägt war und ist.

Aus erdgeschichtlicher Sicht teilt sich das Land in fünf Regionen auf. Die älteste und größte umfasst fast die gesamte Südhälfte sowie den östlichen Norden Schwedens. Das aus dem Erdaltertum stammende Gestein wird auf über drei Milliarden Jahre geschätzt. Mittelschweden dagegen ist etwa 500 Millionen Jahre jünger. Hier liegt die Landschaft von Dalarna mit dem Siljansee, die als eine der lieblichsten und reizvollsten Schwedens gilt. Noch weit jünger sind die Gebirgsregionen. Das Kaledonische Hochgebirge, das im Westen an Norwegen grenzt, faltete sich vor rund 570 Millionen Jahren. Das auch als Skanden bezeichnete Gebirge beheimatet den höchsten Berg Schwedens, den 2117 Meter hohen Kebnekaise. In den südlicheren Teilen des Gebirges erstrecken sich weitläufige Fjälls wie das Fulufjäll oder das Idrefjäll, die beide nach Norwegen reichen. Småland, die Inseln Öland und Gotland sowie Teile von Skåne und Västergötland gehen auf das Silur zurück und sind etwas mehr als 400 Millionen Jahre alt.

1 *Herbstnachmittag am Njulla im Abisko-Nationalpark mit Blick auf den Torneträsk.* – 2 *Am Hunneberg bei Vänersborg hat ein Wasserfall die Gesteinsschichten des Tafelbergs freigelegt.*

2

1

2

Noch heute dauert der Vorgang der Landhebung an, der in der Eiszeit begann und den bereits Carl von Linné um 1734 beobachtete und beschrieb. Die massive Eisschicht, die den gesamten Kontinent bedeckte, war bis zu 3500 Meter dick – sie erdrückte die Landmasse förmlich. Im Zuge des Abschmelzens verringerte sich die Last, aus diesem Grund begann sich Skandinavien zu heben – eine Bewegung, die bis jetzt nicht beendet ist: Immerhin wächst Nordschweden jährlich um einen Zentimeter in die Höhe. Dadurch vergrößert sich auch die Landfläche ständig, Flachwasserbuchten an der Ostseeküste werden so zu Weideland oder Wäldern. Die Universitätsstadt Uppsala, die 70 Kilometer nördlich von Stockholm liegt, war zum Beispiel im ersten nachchristlichen Jahrtausend eine bedeutende Hafenstadt der Wikingerschiffe. Heute liegt sie kilometerweit im Inland inmitten riesiger ebener Felder!

Die Seen bildeten sich meist in Mulden, welche die Fließbewegung der Gletscher aus dem Gestein schliff. Da diese Bewegung vom Gebirge weg nach Osten zum Bottnischen Meerbusen hin erfolgte, entstanden vorwiegend nach Südosten gerichtete Täler. Aus diesen treten wasser- und lachsreiche Flüsse aus, die in den Quellseen der Gebirge entspringen.

Die Täler weisen eine charakteristische U-Form auf, was auf das Eiszeitalter zurückgeht. Nicht die heute darin fließenden Flüsse gruben sich in den Fels ein, sondern die unter dem Eis laufenden Schmelzwasserströme.

Händler, Krieger, Seefahrer

Das Meer, die Schifffahrt und der Handel prägten Schweden seit jeher. Schon in prähistorischer Zeit lebten die Vorfahren der heutigen Skandinavier als Seefahrer und Fischer. Sie befuhren die Seen und Flüsse ihrer dicht bewaldeten Heimat und nutzten diese als Nahrungsquelle und Transportwege. Später folgten die berühmten Wikinger, die die Geschichtsschreiber zum ersten Mal auf die nordischen Reiche aufmerksam machten.

Zu welchem Zeitpunkt Schweden nach der Eiszeit besiedelt beziehungsweise zum ersten Mal erwähnt wurde, ist unklar. Die ersten Zeugnisse einer Besiedelung stammen aus der Bronzezeit. Die Fachwelt vermutet jedoch, dass schon vor 10 000 bis 12 000 Jahren Urstämme aus Mitteleuropa dem langsam zurückweichenden Eis folgten, um die frei werdenden Landmassen zu besiedeln. Bereits um 1500 v. Chr. sollen Handelsbeziehungen bis an die Donau bestanden haben. Zahlreiche Felszeichnungen geben ein anschauliches Bild vom Leben der damaligen Zeit: Die Svear bauten Scheunen, Stallungen, Häuser und sogar rotierende Mühlen. Von der übrigen

1 *Die alte Holzstabkirche von Stegeborg am Götakanal.* – 2 *Das königliche Schloss Borgholm hatte einst einen großen Burghof.* – 3 *Typischer Bauernhof im südschwedischen Skåne.* – 4 *Die Steinritzungen von Glösa gehören zu den Sehenswürdigkeiten im Bohuslän.* – 5 *Auf der Ausflugsinsel Fjäderholmen im Saltsjön vor Stockholm befindet sich ein kleines Bootsmuseum.*

Welt unbeobachtet, gleichsam eingeschlossen in einem fernen Winkel Europas, lebten die nordischen Völker zunächst 1500 Jahre lang friedlich zusammen. Ihre Kultur erlangte in der Region des heutigen Uppsala ihre erste Hochblüte. Von Gamla Uppland aus, damals Svithiod genannt, unterwarfen die Svear im fünften vorchristlichen Jahrhundert die im Westen lebenden Goten.

Die Wikingerzeit beginnt etwa um 750 n. Chr., wobei darunter auch die staatliche Entwicklung der Nordländer zu verstehen ist und nicht nur die spektakulären Raubfahrten gegen England, Irland und Kontinentaleuropa.

Mit den Wikingern gelangten aber auch neue Techniken, Wissenschaften und vor allem das Christentum nach Schweden. Ansgar war der erste bedeutende Missionar, der im neunten Jahrhundert auf der Insel Birka, etwa 30 Kilometer westlich von Stockholm im Mälarsee, die erste Kirche baute. Daraus entwickelte sich die Siedlung Björkö, der heute die Ehre als Wiege der schwedischen Nation gebührt. Die Bekehrung der Bewohner ging zunächst nur zögerlich voran. Erst in der zweiten Hälfte des elften Jahrhunderts, als sich die schwedischen Völker allmählich zu einem beginnenden Staat vereinten, hatten die Bemühungen echten Erfolg. Englische und deutsche Missionare waren es, die Schweden in die römische Kirche eingliederten. 1164 trat Schwedens erster Bischof in Uppsala sein Amt an.

Mit dem Abebben der Wikingerzüge war ab 1250 erstmals eine straffe Organisation des Reiches erkennbar. Birger Jarl gründete in der Mälarmündung an der Grenzlinie zwischen Süß- und Salzwasser die neue Hauptstadt, der er den Namen Stockholm gab. Er schrieb zudem die schwedischen Menschenrechte fest, die nach Anerkennung des Things – der Volksversammlung – zum Reichsgesetz wurden. Damit war die schwedische Nation mit der Hauptstadt Stockholm geboren.

Bastionen einer Großmacht

Schlösser gehören wie Kirchen oder Klöster zum kulturellen und historischen Vermächtnis jeder abendländischen Nation. Schweden kann mit einer ganzen Reihe dieser bedeutenden Prunkbauten aufwarten, was vor allem der Wasa-Dynastie zu verdanken ist. Hunderte Burgen, Schlösser und Herrensitze, so genannte herrgårds, sind über das Land verstreut – hier beherrschen sie die Küstenlinie, dort verbergen sie sich hinter Waldkränzen oder Hügeln. Viele der Herrschaftshäuser beherbergen heute, sofern sie nicht als Privathäuser genutzt werden, Hotels oder Restaurants. Einige waren früher Klosteranlagen, was nur unschwer durch Namen wie Skokloster, Börringekloster oder Övedskloster zu erraten ist. Von Süden nach Norden nimmt die Zahl der Schlösser spürbar ab. Schonen hat mit beinahe 200 Schlössern die meisten Prachtbauten zu bieten, gefolgt von der Region rund um den Mälarsee, die vor allem von den mächtigen Wasaschlössern Gripsholm oder Drottningsholm geprägt ist. Beginnen wir die Schlössertour im 400 Jahre alten Nils-Holgersson-Wasserschloss Vittsklöve im Südosten von Skåne.

1 *Eine alte Kanone im Schloss Gripsholm in Mariefred am Mälarsee.* – 2 *Das Schloss Krapperup auf der Kullen-Halbinsel stammt aus dem Jahr 1790.* – 3 *Die tägliche Wachablöse am Königlichen Schloss in Stockholm.*

2

3

1

2

Hier war der Gänserich Martin gefangen, den Nils befreit und so vor dem Kochtopf gerettet hatte. Das bekannteste Schloss Schwedens ist wohl das Wasaschloss Gripsholm im lieblichen Mariefred am Südufer des Mälaren, Schauplatz des gleichnamigen Buches von Kurt Tucholsky. Heute ist es ein wahrer Touristenmagnet.
Nördlich des Mälarsees, auf halbem Weg zwischen Uppsala und Stockholm, findet sich das weiß getünchte, im strengen Vierkantstil errichtete Skokloster, das inmitten einer herrlichen Kulturlandschaft liegt. Rosersberg, Tidö, Ängsö oder Stjärnsund sind kleine Anlagen auf den gefächerten Halbinseln, die weit in den Mälarsee hineinragen. Die Landschaft liefert hier einmal mehr romantische Kulissen für die schmuckvollen Bauten. Als Bastion der Großmacht und Zeuge des Nordischen Bundes gilt das Schloss von Kalmar an der Ostküste, denn hier wurde Vereinigung der drei nordischen Länder bestätigt. Der romantische Ritterburgstil der Zeit um 1650 blieb uns im Schloss Bogesund nahe Vaxholm erhalten. Viel einfühlsamer präsentiert sich das Herrenhaus Rottneros in Sunne im Värmland, dem Selma Lagerlöf in ihrem Roman »Gösta Berling« als Eckeby nicht umsonst ein Denkmal setzte. An den Seen Vänern und Vättern erstrahlen das Wasserschloss Vadstena sowie das geradezu märchenhaft auf der Halbinsel Kållandsö gelegene Läckö. Der majestätische Prachtbau steht auf einer Granitkuppe hoch über dem See und wartet im Inneren mit 248 Zimmern auf.

Die Nationalparks Schwedens

Die Nationalparks Schwedens, die von jeder typischen Landschaftsform ein Stück bewahren, gehören sicherlich zu den Hauptsehenswürdigkeiten des Landes. »Wir haben allen Grund, uns über die Nationalparks zu freuen und auf sie stolz zu sein«, meint Valfried Paulsson vom schwedischen Amt für Umweltschutz. »Die Nationalparks sind unsere am stärksten geschützten Naturgebiete, geschützt sowohl für als auch vor dem Menschen«.
Heute gibt es 27 Parks mit einer Gesamtfläche von 26 000 Quadratkilometern. Schwedens älteste Nationalparks Sarek, Abisko, Padjelanta, Stora Sjöfallet und Garphyttan wurden bereits 1910 nach Vorbild der US-amerikanischen Parks gegründet. Damit war Schweden das erste Land in Europa, das Nationalparks einrichtete. Weit im Norden am Torneträsk liegt der Abisko-Nationalpark, etwas südlich davon bilden die drei Parks Sarek, Padjelanta und Stora Sjöfallet eine große, geschützte Urlandschaft mit einer Fläche von mehr als 5200 Quadratkilometern. Sarek ist der älteste und immer noch größte Park des Landes, er verfügt weder über Wege noch sonstige touristische Einrichtungen. Sarek ist also echte Wildnis und kein Ort für den Menschen.
Westlich davon erstreckt sich Padjelanta über ein riesiges offenes Hochplateau mit riesigen Seen und einigen herausragenden Gipfeln. Dieser Park liegt fast gänzlich oberhalb der Waldgrenze, nur ein kleiner Teil ist von Birkenwald bedeckt. Stora Sjöfallet ist über eine Straße von Gällivare aus leicht erreichbar. Der größte Teil des Parks besteht aus kahlem Fels, das südliche Plateau überragt die 2013 Meter hohe »Königin von Lappland«, der Berg Akka. Berühmt ist hier auch der Kiefernurwald im Vietasvagge-Tal.

3

1 *Das Schloss von Kalmar ist der besterhaltene Renaissance-Palast in Nordeuropa … –* 2 *… wie nicht zuletzt das Königsgemach mit seinem imposanten Deckenfresko demonstriert. –* 3 *Der (ausgestopfte) Pfau auf der Tafel im Speisesaal ist ein Hingucker.*

1

2

3

Ebenfalls in Lappland finden sich noch Muddus, Pieljekaise und Vadvetjåkka. Vadvetjåkka ist der nördlichste schwedische Nationalpark, er liegt am Nordufer des Torneträsk im Grenzgebiet zu Norwegen. Pieljekaise wurde ebenfalls schon 1910 gegründet und liegt etwa 100 Kilometer westlich von Arjeplog. Auf rund 1500 Hektar Fläche werden vor allem die noch sehr ursprünglichen Berg-Birkenwälder geschützt. Der 1942 gegründete Muddus-Nationalpark hat die Erhaltung der natürlichen Wald- und Moorlandschaften Lapplands zum Ziel gesetzt. Urwaldartige Gebiete wechseln mit riesigen Moorflächen, aus denen sich sanft gerundete Hügel erheben.

Die lappländischen Nationalparks sind die größten des Landes. Die weiter südlich gelegenen Schutzgebiete sind durchwegs kleiner als 10 000 Hektar. In Mittelschweden, in Jämtland, liegt der Sånfjället-Nationalpark, der sogar nur 2600 Hektar groß ist. Er wurde rund um den Gebirgsstock des Sånfjället errichtet und schützt ein typisches Bergland der südlichsten Fjällgebiete. Westlich von Funäsdalen an der norwegischen Grenze liegt der Töfsingdalen-Nationalpark. Der 1930 gegründete und er 1615 Hektar umfassende Park bsteht aus einer ursprünglichen Wildnis mit Blockmeeren und urwaldähnlichen Nadelwäldern. Der kleinste schwedische Nationalpark mit einem internationalen IUCN-Gütesiegel ist Tiveden im Nordwesten des Vätternsees in Västergötland. Nur 1300 Hektar groß, beheimatet er einen Nadelwald, der zu den schönsten des Landes zählt. Eine geologische Besonderheit stellen die riesigen, bis zu zehn Meter hohen Felsblöcke dar, die dicht mit Moos bewachsen sind.

Store Mosse im westlichen Småland erhält eines der größten südschwedischen Moorgebiete in ursprünglichem Zustand. Der Park wurde erst 1982 gegründet und umfasst rund 7700 Hektar. Rings um die riesigen Moore wachsen Kiefern- und Fichtenwälder, die den Besucher glauben machen, er sei bereits in Lappland. Kranich und Singschwan zählen zu den wichtigsten Brutvögeln.

An der Höga Kusten nahe von Örnsköldsvik beeindruckt der 1984 eingerichtete Skuleskogen-Nationalpark seine Besucher mit einer ursprünglichen Küstenlandschaft aus Bergrücken, dichten Wäldern, Felspartien und tiefen Schluchten.

Um eine klassische Insellandschaft der Ostsee zu bewahren, wurde Gotska Sandön nördlich von Gotland 1910 unter Schutz gestellt. Fast gänzlich mit Sand bedeckt, besteht die Insel aus großen, unter der Wasseroberfläche liegenden Kiesmoränen. Die Dünenlandschaft ist die Heimat von etwa 400 Pflanzen- und 50 Vogelarten. Ein kleines Areal am Kap Säludden wurde als Schutzgebiet für Seehunde ausgewiesen. Ebenfalls in der Ostsee liegt Blå

1 *Der Uhu, die größte europäische Eulenart, kommt in den tiefen Wäldern Mittelschwedens vor.* – 2 *Der Schwedische Hartriegel bildet im Herbst rote Früchte.* – 3 *Das gut getarnte Schneehuhn hält sich gerne in den baumlosen Fjälls Lapplands auf.* – 4 *Der Padjelanta-Nationalpark gehört zu den am schwersten erreichbaren Wildnisgebieten Lapplands.* – 5 *Die bis zu 10 m hohen Raukare auf Gotland sind Vermächtnisse der letzten Eiszeit.*

4

5

1

2

Jungfrun, ein etwa einen Kilometer langes Eiland, das im Kalmarsund zwischen dem Festland und Öland liegt. Das Schutzgebiet stellt sicher, dass sich die 66 Hektar große Insel ungestört entwickeln kann. Der dritte Nationalpark innerhalb der Ostsee, Haparanda Skärgård, liegt im Norden des Bottnischen Meerbusens. Er beherbergt eine untypisch seichte Schärenlandschaft. Die südlichsten Nationalparks Schwedens sind Dalby Söderskog und Stenshuvud in der Provinz Skåne. Während der nur 36 Hektar große, östlich der Stadt Lund gelegene Dalby Söderskog einen der letzten südschwedischen Laubwälder beheimatet, weist Stenshuvud an der Ostküste mit seinen 390 Hektar eine hohe biologische Vielfalt auf. Vor allem der reichen Flora, den verschiedenen Laubwaldtypen und der Artenvielfalt der Tiere verdankt das Gebiet den Status eines Schutzgebiets. 2001 kam 30 Kilometer östlich von Helsingborg der Nationalpark Söderåsen hinzu, der einen Edellaubwald mit tief eingeschnittenen Spaltentälern beherbergt.

Der Ängsjö-Nationalpark, der sich auf einer Insel im nördlichen Teil des Stockholmer Schärengartens befindet, ist vor allem im Frühjahr wegen seines Pflanzenreichtums beliebt. Die Insel hat insbesondere den Schutz der traditionellen Kulturlandschaft zum Ziel.

Garphyttan, westlich der Stadt Örebro in der Provinz Närke gelegen, wurde 1910 gegründet. Auf 111 Hektar Fläche ist hier ebenfalls eine historische Kulturlandschaft zu finden, denn der Park geht auf die frühere landwirtschaftliche Nutzung zurück. Hamra in Mittelschweden, südlich von Sveg, hat heute eine Größe von 150 Hektar und schützt einen Nadelurwald aus Kiefern. Die 114 Hektar des Norra Kvill im Nordosten von Småland bedeckt ein Nadelwald in unberührtem und ursprünglichem Zustand. Einen entlegenen und einsamen Nadelwald umfasst der Tresticklan-Nationalpark im Dalsland im westlichen Schweden. Dieser knapp 3000 Hektar große Nationalpark stellt das größte weglose Waldgebiet Südschwedens dar. Etwa 200 Kilometer westlich, inmitten des Vänersees, befindet sich der isolierte Süßwasserarchipel von Djurö. Er ist seit 1991 Nationalpark und besteht aus 30 teils kargen, teils mit Föhrenwald bewachsenen Inseln. Vor den Toren Stockholms, nur 20 Kilometer südlich des Stadtgebietes, bewahrt der Urwald von Tyrestra eine alte Risstallandschaft mit kargen, felsigen Kiefernwäldern. Hier befindet sich auch das »Nationalparkernas hus«, das Besucherzentrum für die schwedischen Nationalparks. Eine der jüngsten Nationalparks sind Färnebofjärden, der im östlichen Dalarna nahe Gysinge eine Flusslandschaft am Nedre Dalälven umfasst, und Söderåsen in der Nähe von Lund, der einen Lauburwald schützt. Zwei Nationalparks sind an den Schärenküsten eingerichtet, der Haparanda Skärgård im Norden des Bottnischen Meerbusens an der Grenze zu Finnland und der Kosterhavet-Nationalpark im nördlichen Bohuslän an der Grenze zu Norwegen. Die jüngsten Nationalparks sind rund um den höchsten Berg Schwedens, den Kebnekaise, ferner im lappländischen Reivo-Gebiet nahe Arvidsjaur und im Vålådalen in der Provinz Jämtland eingerichtet. Alle drei Parks zeichnen sich durch ursprüngliche Wald- und Fjäll-Landschaften aus, die entlang von Weitwanderrouten gut erkundet werden können. In Zukunft soll das Naturschutzgebiet Vindelfjäll bei Ammarnäs am Südrand von Lappland ebenfalls ein Nationalpark werden.

1 *Der Skuleskogen-Nationalpark an der Ostküste ist durch eine vom Meer geformte Landschaft geprägt.* – 2 *In den einsamen Fjälls im Pieljekaise-Nationalpark leben halbwilde Rentierherden.* – 3 *Luchse schleichen durch die einsamen Wälder des Tiveden-Nationalparks.*

Stockholm und der Mälarsee

Stockholms Zauber ist ungebrochen. Das »Venedig des Nordens« darf sich mit Recht als eine der schönsten Metropolen der Welt bezeichnen. Ihre einzigartige Lage und die nordische Großzügigkeit verleihen der Mälarkönigin ihre Eleganz. Dazu kommt das strahlende nordische Licht, das die in kräftigen Farben leuchtenden Häuser über dem tiefblauen Wasser besonders gut zur Geltung bringt. Und eines ist gewiss: Stockholm muss man zumindest einen Tag lang vom Wasser aus erleben, entweder mit einem der unzähligen Schärendampfer, einem Ausflugsboot oder auf eigene Faust mit dem Kajak. Die Stadt auf den 14 Inseln lebt mit, vom und im Wasser.

Die Insel Riddarholmen liegt östlich der Altstadt am Ufer des Mälarsees.

Wo der Mälar die Ostsee trifft

Gamla Stan – Helgeandsholmen – Norrmalm – Djurgården – Ekoparken – Schärengarten – Birka – Sigtuna – Uppsala

Seit jeher bildet die Region um den Mälarsee zusammen mit Stockholm und dem vorgelagerten Schärengarten das Kernland des schwedischen Reiches. Stockholm, die strahlende Hauptstadt, verdankt ihren Charme vor allem der Lage am Übergang vom Mälarsee zur Ostsee. Die Stadt mit ihren Prachtbauten, Bürgerhäusern und pittoresker Altstadt erstreckt sich über insgesamt 14 Inseln – als schwimme sie auf dem Wasser. Nach Osten schließt die einmalige nordische Landschaft des Skärgården, des Schärengartens, an – 24 000 Eilande, die zwischen tiefblauen Meeresstraßen aufragen.
Das eigentliche Stadtzentrum findet sich am Übergang vom Mälarsee im Westen zur Ostsee und verteilt sich auf 14 Inseln, die 52 Brücken miteinander verbinden. Wohl deshalb heißt Stockholm »Venedig des Nordens«. Die sprichwörtliche nordische Großzügigkeit und der Lichterglanz verleihen der Mälarkönigin Eleganz.

Auch Stockholms vielfältige Kulturszene hält dem internationalen Vergleich spielend stand. Die Kunst verbirgt sich dabei nicht hinter Vitrinen und musealen Prunkbauten, sie hat ihren Platz inmitten des Alltags gefunden, etwa in den U-Bahnhöfen oder den Gartenanlagen.
Stockholms Reiz liegt aber vor allem in seinen Gegensätzen, im Nebeneinander von Natur und Technik, Tradition und Moderne, alter und neuer Stadt. So erstrahlt der futuristisch wirkende Sergelstorg nur 500 Meter nördlich der Inseln Riddarholmen und Helgeandsholmen mit ihren prachtvollen Renaissancepalästen. Trotz breiter Durchgangsstraßen und einiger Industrie kann man mitten in der Stadt im Mälarsee in reinstem Wasser schwimmen oder Lachse angeln. Die Stadt ist – wie es die Stockholmer selbst treffend beschreiben – »arrnorlunda«, also »in allen Dingen völlig anders«.
Die historische Entwicklung der Hauptstadt geht auf ihre strategisch günstige Lage am Eingang zum Mälarsee zurück. Schon vor 4000 Jahren besiedelten Menschen das fruchtbare Land rund um den See. Der älteste heute bekannte Handels- und Siedlungsplatz ist Birka auf Björkö, den die Waräger um 800 n. Chr. gegründet hatten. Der Ort ist nur 25 Kilometer vom heutigen Stadtzentrum entfernt. Die zunehmende Landhebung machte ab 1100 die Durchfahrt von der Ostsee zum Mälarsee unmöglich, die Waren mussten im Mündungsbereich umgeladen werden.
Um den regen Handel kontrollieren und besteuern zu können, entstanden auf Helgeandsholmen, Stadsholmen und Riddarholmen erste Ansiedlungen sowie Befestigungsanlagen aus Holzpfählen. Diesen verdankte die Stadt später ihren Namen, denn Stockholm bedeutet wörtlich übersetzt »Pfahl-Insel«. Um 1252 erscheint der Name erstmals in zwei vom Reichsverweser Birger Jarl unterzeichneten Urkunden, der aus diesem Grund als Stadtgründer gilt. Gegen Ende des 13. Jahrhunderts ging die Bebauung von den zentralen Inseln auf das Festland über, die Bezirke Norr- und Södermalm entstanden. Zur Hansezeit im 14. und 15. Jahrhundert erlangte Stockholm als wichtiges Zentrum des Ostseehandels eine Vormachtstellung, ohne jedoch zur Hauptstadt aufzusteigen.

Das Herz der Hauptstadt

Obwohl Stockholm auf den ersten Blick wegen seiner Inseln und Kanäle unübersichtlich erscheint, ist sein Zentrum klein und überschaubar. Die wichtigsten Sehenswürdigkeiten liegen nahe beisammen und sind mit der Tunnelbana oder den Fährbooten problemlos erreichbar.

1 *Das Nationalmuseum am Blasieholmshamn.* – 2 *Die Västerlånggatan in der Altstadt ist eine beliebte Adresse für buntes Treiben, Souvenirs und Einkaufsspaß.*

NATIONALMUSEUM
1

2

TAX FREE
GIOVANNI
SKOR
PRESENTER
SOUVENIRER
EPALL
FOTO
INDUS
TAX FREE

1

2

Ein schöner Stadtrundgang beginnt beim Slussen am Südrand der Altstadt. Seit 1750 reguliert die hiesige Schleusenanlage den Wasserabfluss des Mälarsees in die Ostsee. In den 1930er-Jahren entstand hier ein moderner Verkehrsknotenpunkt, den die U-Bahn, viele Buslinien und die Fähren nach Djurgården ansteuern.
Gamla Stan nennen die Stockholmer die drei Innenstadtinseln am Übergang von der Ostsee zum Mälaren: Helgeandsholmen, Riddarholmen und, die größte, Stadsholmen. Sie sind über mehrere Brücken miteinander verbunden. In der mit viel Liebe und noch mehr Kronen renovierten Altstadt schlägt das Herz der Stadt heute heftiger denn je. Gemütliche Cafés, Jazzkneipen und kleine Restaurants machen die »Alte Stadt« zu einem der lebhaftesten Viertel Europas. Es ist ein besonderes Erlebnis, hier zu flanieren, zu stöbern, sich von den engen Gassen und Höfen inspirieren zu lassen, die Menschen zu beobachten. Und das Schönste ist: Hier muss man sich nicht über lauten Verkehr und stinkende Autos ärgern, denn diese werden über die Altstadtkais, wo einst die Hanseschiffe ankerten, an der Innenstadt vorbeigeleitet. In den Gassen, die für jedes motorisierte Fahrzeug zu eng sind, dominieren andere Geräusche: Hier gurren Tauben, plätschern Brunnen, geben Kirchturmglocken (und die tägliche Wachablösung) die Zeit vor.
Allerorten reist der Besucher in Gamla Stan durch die Stadtgeschichte. Wie in alter Zeit säumen die historischen, in warmen Gelb- und Brauntönen gehaltenen Bürgerhäuser die engen Gässchen. Am Südrand findet sich der Järntorget, der belebte untere Marktplatz der Altstadt. Hier wurden früher Eisen und Kupfer gehandelt, und hier treffen die schmalen Gassen Västerlånggatan und Österlånggatan zusammen, deren geschwungene Linien den Verlauf der alten Stadtmauer widerspiegeln. Dazwischen blieb ein Netz aus winkeligen Gässchen und Häusern der mittelalterlichen Stadt erhalten. Wegen der Brandgefahr ist alles ausschließlich aus Stein gebaut. Lieblingsgasse der Touristen ist die Österlånggatan, die mit ihren vielen Boutiquen, Kuriositätenläden und Cafés auch als »zweite Hauptstraße« Stockholms bezeichnet wird.
Überragt wird das Gewirr von Häusern und Gassen von der St.-Gertrud-Kirche. Im Viertel finden sich viele solcher Namen, die an die Übermacht der deutschen Kaufleute im Mittelalter erinnern. Die zweischiffige Hallenkirche besitzt einen fast 100 Meter hohen Kirchturm, der den Seefahrern früher als Orientierungspunkt diente. Den höchsten Punkt des Viertels markiert der zentrale Stortorget, der älteste Marktplatz Stockholms, den schöne historische Gebäude säumen. An dieser Stelle ließ der dänische König Christian II. im Jahr 1520 etwa 90 Mitglieder des schwedischen Hochadels hinrichten, was als berüchtigtes »Stockholmer Blutbad« in die Geschichte einging.

3

4

5

1 *Das Ausflugsschiff Drottningholm verlässt den Kai beim Rathaus, um zum gleichnamigen Schloss zu fahren.* – 2 *Im Skulpturengarten des Moderna Museet auf Skeppsholmen sind Plastiken von Niki de St. Phalle ausgestellt.* – 3 *Eines der zahlreichen Kaffeehausschilder in der Altstadt.* – 4 *Am Stortorget in der Altstadt treten regelmäßig Straßensänger auf.* – 5 *Die Altstadt ist der Touristenmagnet Stockholms.*

Das ehemalige Börsengebäude birgt heute ein Museum für Alfred Nobel. Im Eckhaus Nr. 3 lebte die Kaufmannsfamilie Grill; Claes Grill war im 17. Jahrhundert Direktor der Ostindischen Handelsgesellschaft. Heute gilt der Platz vor allem abends als Treffpunkt der Stockholmer, aber auch der Touristen, die in den Lokalen rundherum einkehren. An der Nordseite der Gamla Stan thront majestätisch über dem Wasser das Königliche Schloss. Die Grundmauern des gewaltigen Bauwerks gehen auf das 13. Jahrhundert zurück, doch der heutige Bau wurde 1728 begonnen. Zur Schlossanlage, in der sich Elemente der italienischen Renaissance und des Barock mit klassizistischen vereinen, gehört auch der im Westen gelegene Schlosshof. Im Sommer wird hier täglich die sehenswerte Wachablöse inszeniert, samt Musikkapelle und weißer Ziege. Nördlich der Altstadt, am unmittelbaren Berührungspunkt zwischen Neustadt und Gamla Stan, folgt mit der Insel Helgeandsholmen Stockholms ältester Stadtteil. Bevor 1905 das Reichstagsgebäude errichtet wurde, standen hier nur Fischerhäuser. Rechts daneben folgt das Riddarhuset, eine der bedeutendsten Sehenswürdigkeiten der Stadt: Das ehemalige Parlamentsgebäude zählt wegen seiner harmonisch kombinierten roten Ziegelmauern, weißgrauen Sandsteinpilaster und dem grünen Kupferdach zu den schönsten Bauten der Altstadt. Über die Riddarholmsbron gelangt man zur Insel Riddarholmen, die der Altstadt am Nordwestrand vorgelagert ist.

Von hier eröffnet sich der allseits bekannte Panoramablick auf den Mälarsee und das gegenüberliegende Stadshuset. Am breiten Kai ankern die nostalgischen Götakanalschiffe, die seit jeher gut betuchte Reisende in die Stadt bringen. Die Terrasse ist nach Evert Taube benannt, einem der letzten schwedischen Troubadoure. Sein von K. G. Bejemark errichtetes Denkmal begrüßt seit 1985 die ankommenden Schiffe.

Die Riddarholmskyrkan, mit ihrem markanten 90 Meter hohen Turm und durchbrochenen gusseisernen Turmhelm von 1835, überragt die Insel. Von der Spitze des Turmes genießt man den besten Blick auf Riddarholmen und das Stadshuset. Dieses Verwaltungsgebäude ist ein Wahrzeichen der Stadt. Es wurde von 1912 bis 1923 nach den Plänen von Ragnar Östberg errichtet. Seine Lage am nördlichen Mälarstrand direkt am See ist geradezu einzigartig. Um das prachtvolle Innere besichtigen zu können, muss man sich einer Führung anschließen (mit Ausnahme der Turmbesteigung). Eine der ersten Sehenswürdigkeiten ist die Blaue Halle, ein überdachter Innenhof, von dem aus man sämtliche Dienststellen, Sitzungsräume und Festsäle erreicht. Hier findet stets die Nobelpreis-Gala statt. Wer den 106 Meter hohen Turm besteigt, dem liegt Stockholm zu Füßen. Auch ein Blick nach oben lohnt sich, denn die Turmspitze trägt die drei vergoldeten Kronen des Reichswappens.

Das Zentrum der eher nüchternen und modernen Neustadt erstreckt sich rund um das Viertel Norrmalm. Dieses wird von breiten Boulevards wie der Hamngata, der Drottningsgata oder dem Sveavägen durchzogen und vom futuristischen Sergelstorg geprägt. Hier befindet sich auch der zentrale Eisen- und U-Bahn-Bahnhof T-Centralen sowie der von innen beleuchtete Glasobelisk, der aus einem riesigen Brunnen aufragt – ein Beispiel, wie großzügig die Stadtplanung in den 1960er-Jahren war. Die nach dem Bildhauer Johan Tobias Sergel benannte Anlage verströmt eine kühle, technokratische und so gar nicht schwedische Eleganz. Breite Stufen – Treffpunkt der Jugend, der Straßenkünstler und Geschäftsleute – führen zu einer tiefer liegenden Ebene, die in Stockholms größte U-Bahn-Station mündet.

1 *Die königliche Wache am Königsschloss in der Altstadt.* – 2 *Das Gebäude des Reichstags liegt ebenfalls auf einer Insel und ist vom Strömmen umgeben, den Verbindungskanälen zwischen Mälarsee und Saltsjön.* – 3 *Wie in alten Zeiten kann man in der Altstadt noch mit der Kutsche über die Riddarholmsbron am Riddarhuset vorbeifahren.*

2

3

1

2

Unmittelbar am Südrand des Platzes fällt die gläserne Fassade des Kulturhuset ins Auge. Peter Celsing hatte das Gebäude 1962 als optische Ost-West-Verbindung zwischen Sergelstorg und Brunkebergstorg entworfen. Die belebte Drottningsgatan leitet den Spaziergänger vom Sergelstorg nach Süden in Richtung Altstadt. Die Straße, wegen der wehenden Fahnen auch als »Carnegie Street des Nordens« bezeichnet, atmet internationales Flair: Hier mischen sich Touristen unter Einwanderer und Straßenkünstler. Von der Stromgatan bietet sich ein Abstecher zum Stadshuset an, das etwas abseits westlich der Stadshusbron am Norr Mälarstrand liegt. Vom Sergelstorg kann man mit der Straßenbahnlinie 7 bequem durch Norrmalm hinüber zur Museums- und Vergnügungsinsel Djurgården fahren.

Djurgården und Ekoparken

Die grüne Oase Djurgården im Osten der Stadt ist Naherholungsgebiet und Vergnügungsviertel zugleich. Die weitläufige Parklandschaft beheimatet neben dem berühmten Freilichtmuseum Skansen und dem Vergnügungspark Gröna Lund auch Museen wie das Nordische Museum und vor allem das Wasa-Museum, zudem das Biologische Museum nahe dem Hazelius-Eingang nach Skansen und das Aquaria mit Regenwald, Piranhateich und Korallenriff. Die gemütlichen Waldwege, die von der Waldemarsudde, der Wohnstätte von Prins Eugen Waldemarsudde, bis an die Südostspitze zur Blockhusudden verlaufen, werden gerne von Wanderern, Läufern und Reitern genutzt.

Mit Schloss Rosendal besitzt Djurgården einen königlichen Prunkbau. Er wurde 1820 für Karl XIV. Johan errichtet. Der Bau ist einer der wichtigsten Vertreter des Empire-Stils, der in Schweden auch Karl-Johan-Stil genannt wird.

Die Hauptsehenswürdigkeit Djurgårdens ist aber Skansen, das größte und älteste Freilichtmuseum der Welt. Es vereint lebendige Volkskunst mit historischen Ausstellungsstücken. 150 Bauwerke aus allen Landesteilen und verschiedenen Epochen umfasst das lebendige Ensemble der Anlage, ganz im Sinne von Artur Hazelius, der das Museum 1891 eröffnete. Er wollte den Alltag und das Leben der Menschen ebenso anschaulich vor Augen führen wie die Traditionen, mit welchen er selbst tief verbunden war. So ließ er Gebäude aus ganz Schweden samt Inventar und Werkzeugen nach Skansen bringen. Zur Anlage gehört auch ein Zoo, der in aufwändig gestalteten Gehegen die Tiere des Nordens zeigt. Allein die Blicke auf die Stadt, die sich von den vielen Rundwegen ergeben, machen den Besuch im Skansen zum unvergesslichen Erlebnis.

Dazu kommt noch die kleine Bergbanan, eine Standseilbahn, die die 50 Höhenmeter vom Hazeliusplatz zum oberen Eingang überbrückt. Im Sommer sorgen Konzerte, Auftritte von Künstlern und Volksmusikdarbietungen für Abwechslung. Restaurants, Cafés, Geschäfte mit Kunsthandwerk und Unterhaltungsmöglichkeiten für Kinder runden das Angebot ab. Im Dezember ist der Weihnachtsmarkt die große Attraktion.

Djurgården ist Teil des Ekoparken, des ersten Nationalstadtparks der Welt. Er wurde 1997 als Pendant zu den Natur-Nationalparks gegründet und beherbergt auf 27 Quadratkilometern große Grünflächen und Parks wie Södra Djurgården, Norra Djurgården, Haga-Schlosspark und Ulriksdal-Schlosspark. Alle Teile sind über Wege verbunden und bilden somit einen großen Naherholungsraum. Der Hagapark erstreckt sich rund um den 5 Kilometer langen Brunnsvikensee, in

1 *Das Vergnügungsviertel Gröna Lund befindet sich auf der Insel Djurgården unmittelbar am Ufer des Saltsjön.* – 2 *Die Inselgruppe Fjäderholmarna ist der östlichste Außenposten des Ekoparken, des ersten Nationalstadtparks der Welt.* – 3 *Ein Stadtcafé im mondänen Bezirk Norrmalm.*

dessen Umgebung einige Fakultäten der Stockholmer Universität sitzen. Der am Ostufer des Brunnsviken gelegene Pavillon Gustavs III. zählt zu den interessantesten Vertretern des spätgustavianischen Stils. Er wurde von 1780 bis 1790 von Louis Masreliez für Gustav III. erbaut.

Die Kunst fährt U-Bahn

»Typisch untypisch« ist auch die Tunnelbanan. In manch anderen Metropolen der Welt symbolisieren die U-Bahnen den Albtraum des auf Sicherheit und Sauberkeit bedachten Bürgers. In Stockholm setzten die Stadtplaner aber eine ganz andere Idee um: Sie beauftragten verschiedene Künstler, die einzelnen Stationen zu Kunstwerken umzugestalten. Fährt der Besucher mit den Rolltreppen beispielsweise in die vermeintlich finsteren Gänge des T-Centralen hinab, umfängt ihn plötzlich eine Welt aus Farbe, Form und Struktur – eine blau-gelbe Grotte aus bemaltem Stein und blauen Blattwedeln.

Schon zu Baubeginn der U-Bahn stand fest, dass alle Stationen der Blauen Linie »Kunstbahnhöfe« werden sollten. Bis heute gestalteten mehr als 160 Künstler zusammen mit Technikern und Ingenieuren 70 der 100 Stationen. Die Schalterhallen, Decken, Bahnsteige und Gleiswände bieten uns also eine wahrhaft fulminante Stil- und Farbenvielfalt.

Neben Gemälden werden auch Installationen gezeigt: So sieht eine Station aus wie ein värmländischer Nadelwald, Fridhemsplan dagegen stellt mit Kachelbildern das Leben Carls von Linné nach. Västra Skogen zeigt 18 Meter hohe Menschenprofile aus Terrazzo, während Bergarmossen mit einer Komposition aus beleuchtetem Glas in Regenbogenfarben überrascht. In Aspudden ziert die Bronzeskulptur eines einsamen Pinguins den Bahnsteig, Näckrosen versinnbildlicht mit Malereien und in das Gewölbe eingelassenen Steinen einen riesigen Lilienteich.

Der Höhepunkt einer Reise durch den Untergrund erwartet den Fahrgast im Bahnhof Sollna: Hier führt eine rote Landschaft mit grünen Wäldern eindrucksvoll die sensible Thematik der Umweltzerstörung in Schweden vor Augen.

Besuch im Wasa-Museum

Das Wasa-Museum ist eines der beeindruckendsten Museen Schwedens. Es wurde 1990 an der Stelle eröffnet, wo man die Wasa zuvor im Trockendock jahrelang restauriert hatte. Dieses Schiff war damals mit einer Länge von 69 Metern, einer Großmasthöhe von 52 Metern und einer Segelfläche von 1275 Quadratmetern das größte Kriegsschiff der Welt. Diesem ganzen Stolz der schwedischen Marine war jedoch nur kurzer Ruhm beschert: Bei seiner ersten Fahrt am 10. August 1628 sank das Schiff bereits nach 1300 Metern Segelstrecke inmitten des Stockholmer Hafens. Alle Segel, Fahnen und jegliches Inventar gingen verloren. 1956 machte der Privatforscher Anders Franzén die Unglücks-

1 *Die kunstvoll ausgestaltete Station T-Centralen präsentiert dem Besucher eine fantasievolle Eisgrotte.* – 2 *Die U-Bahnstation Slussen gehört zu den verkehrsreichsten von Stockholm.* – 3 *Am Hötorget vor dem Konzerthuset ist jeden Tag Markt.* – 4 *Die Skulptur des Orpheus von Carl Milles »bewacht« das Konzerthuset.*

4

1

2

stelle ausfindig und begann fünf Jahre später mit der Bergung des Wracks. Weil es in der salzarmen Ostsee keine Schiffswürmer gibt, war es relativ gut erhalten. Neben dem Rumpf barg man 14 000 Einzelteile, die mühevoll sortiert und an Ort und Stelle wieder angebracht wurden. Das hervorragend arrangierte Museum zeigt heute eindrucksvoll das Leben im damaligen Stockholm. Der Besucher sollte sich am Beginn des Rundganges den Film nicht entgehen lassen, der die schwierige Bergung des Wracks dokumentiert.

Königliches Drottningholm

Fünf Kilometer westlich des Brommaplan, auf der Insel Lovön direkt am Mälarsee, erstrahlt das Schloss Drottningholm. Es stammt aus der schwedischen Großmachtzeit und dient seit 1982 der Königsfamilie als Residenz. Hedvig Eleonora gab Nicodemus Tessin dem Älteren 1662 den Auftrag, diesen Bau nach französisch-holländischem Vorbild zu errichten. Nicodemus Tessin der Jüngere und namhafte Künstler wie Burchardt Precht zeichnen für die Inneneinrichtung verantwortlich. Zu den prunkvollsten Räumen gehört das Schlafgemach Hedwig Eleonoras. Zeitgleich mit dem Gebäude entstand der Park. Seine Architektur kombiniert französischen Barock mit englischer Romantik. Im 18. Jahrhundert kamen die Schlossflügel und neue Räume im Rokoko hinzu, darunter die sehenswerte Bibliothek, die Königin Luise Ulrike in Auftrag gegeben hatte.

Unmittelbar neben dem Schloss befindet sich das Schlosstheater Drottningholms Slottsteateren, das 1766 eingeweiht wurde. Jeden Sommer werden hier Ballett- und Opernaufführungen dargeboten.

Zur Gesamtanlage gehört zudem das Kina Slott, ein Lustschlösschen mit chinesischen Elementen. Die Schlossanlage, die übrigens von Stockholm am bequemsten mit den Ausflugsbooten zu erreichen ist, wurde von der UNESCO als Weltkulturerbe ausgewiesen.

Der östliche Schärengarten

»Das Meer! Das Meer! Der Wind bläst landeinwärts, die Wellen entern die Klippen, werden zurückgeworfen und beginnen ihr Spiel von neuem.« So schrieb August Strindberg 1883 über den Schärengarten östlich von Stockholm, in der Tat eine der eigentümlichsten Landschaften des Nordens. Das Labyrinth aus 24 000 kleinen und größeren Granitinseln, die ein Gewirr aus Sunden und Meeresstraßen durchbricht, reicht von Slussen im Stadtzentrum bis zur Ostsee. Die zahllosen Klippen und Holme sind ein Sommertraum aus Wasser und Fels, ein Eldorado für Segler und Wasserratten. An sonnigen Augusttagen bevölkern Boote die tiefblauen Kanäle zwischen den Schären. »Die Stockholmer wohnen in der Stadt, aber sie leben in ihren Schären«, lautet denn auch ein treffendes Sprichwort. Auf manchen Inseln sind mondäne Schärendörfer und Badeorte mit exklusiven Hotels entstanden, man hat aber auch einige Schutzgebiete für die Vogelwelt ausgewiesen.

Die Fahrten durch den Schärengarten ab Slussen haben unter anderem Vaxholm zum Ziel, einen der lohnendsten Schärenorte. Hier finden jedes Jahr Bootswettbewerbe statt. Die malerische Holzstadt auf der gleichnamigen Insel steht in lebhaftem Kontrast zur mächtigen Festung, die 1548 unter Gustav Wasa begonnen und erst 1863 fertig gestellt wurde. Sie ragt auf einer kleinen Insel vor dem Ortszentrum aus dem Meer – ursprünglich,

3

1 *Feudal: Das Schloss Drottningsholm mit seiner riesigen Gartenanlage dient der Königsfamilie als Sommerresidenz.* – 2 *Im Schlosstheater von Drottningsholm finden im Sommer Theateraufführungen statt.* – 3 *Das Wasa-Museum auf der Museumsinsel Djurgården ist die meistbesuchte Sehenswürdigkeit in Schweden.*

um die Zufahrt der Boote in Richtung Stockholm zu überwachen. Von Juni bis August kann man mit Booten zur Festung fahren und auch das Museum besichtigen, das die Verteidigungsanlagen innerhalb des Schärengartens zum Thema hat.

Im nördlichen Schärengarten, nahe der Küste, liegt Ängsö, auf der 1909 einer der ältesten schwedischen Nationalparks eingerichtet wurde. Dieser bewahrt eine alte Kulturlandschaft, die im Frühsommer mit farbenfroher Blütenpracht aufwartet. Das 190 Hektar große Schutzgebiet können Besucher von Juni bis Mitte August mit privat organisierten Wassertaxis anfahren. Die kleine Insel Grinda im äußeren Schärengarten, das Badeparadies der Stockholmer, bietet neben Stränden ein kleines Hotel, ein Restaurant und eine Jugendherberge.
Die äußerste Landspitze auf dem Weg nach Finnland nimmt der romantische Hafenort Sandhamn ein. Er ist eines der meistbesuchten Ziele im äußersten Schärengarten. Hier wurde übrigens um 1900 der Königlich Schwedische Jachtclub gegründet. Die feinen Sandstrände, die dicht gedrängt stehenden Holzhäuschen, aber auch das alte Zollhaus und das hölzerne, weiß getünchte Wirtshaus Sandhamns Värdshus (1672) machen das Flair der Schäre aus.

Die Wiege der Nation

Der Mälarsee bildet zusammen mit dem Großraum Stockholm eine der geschichtsträchtigsten Regionen Schwedens: Er bietet viele kulturelle Sehenswürdigkeiten und Schlösser. Zudem begeistert die Umgebung mit einer Mischung aus lieblicher Kulturlandschaft, ausgedehnten Wiesen und Weiden, glänzenden Küsten und bewaldeten Inseln. Etwa zwei Schiffsstunden von Stockholm entfernt liegt die Insel Björkö. Vor mehr als 1200 Jahren begann hier das schwedische Reich. Der historische Handelsplatz ist die erste nachweisbare Siedlung Schwedens und gleichzeitig ein einzigartiges Zeugnis für die weitreichenden Handelsbeziehungen, die schon während der Wikingerzeit bestanden.
760 ließ ein Wikingerkönig hier einen Stützpunkt bauen, um den Handel zur Ostsee besser kontrollieren zu können: Im Mälarsee trafen die wichtigsten Handelsrouten aus dem Süden und dem Ostseeraum aufeinander, gleichzeitig lieferte die Region wichtige Rohstoffe. Mitte des neunten Jahrhunderts reichten die Handelsbeziehungen bis nach Russland und ins Baltikum. In dieser Blütezeit lebten etwa 700 Menschen auf der Insel, vor allem in den kleinen, dicht gedrängten Häuschen Birkas. So entstand die erste städtische Kultur im Mälargebiet, die gleichzeitig das Wirtschaftsleben der Region prägte. 1993 ernannte die UNESCO Birka zum Weltkulturerbe. Birka war 829 auch Ziel der ersten christlichen Missionare. So kam der Benediktinermönch Ansgar im Auftrag Kaiser Ludwigs des Frommen hierher. Gegen Ende des ersten Jahrtausends wurde Birka aus bis heute ungeklärten Gründen aufgegeben, das städtische und kulturelle Zentrum wurde etwa 30 Kilometer nördlich nach Sigtuna verlegt.
Heute kann man die Überreste Birkas auf gemütlichen Spazierwegen erleben, die beim Landungssteg der Ausflugsboote beginnen. Zuerst trifft man auf das informative Museum, gleich dahinter beginnt das Areal, das einst den Hafen umfasste. Auf dem Hügel hinter der Bucht lag früher die Burg. Heute ziert das Steinkreuz von 1834, das an die Ankunft Ansgars erinnert, die höchste Stelle der Insel. Im Norden schließt ein Grabfeld an – wohl der deutlichste Beweis, dass die Stadt schon zur Wikingerzeit bestand. Mehr als

1 *Vaxholm gilt als typisch romantischer Hafenort im Stockholmer Schärengarten.* – 2 *Die mächtige Festung von Vaxholm schützte einst die Schiffahrtsstraße von der Ostsee in den Hafen von Stockholm.* – 3 *Romantisch mutet der älteste Teil von Strängnäs mit seiner hübschen roten Mühle an, gelegen auf einer Landzunge am Mälarsee.*

2

3

1

2

3000 Gräber sind erhalten; sie bargen reiche Funde, die über das Leben in Birka Auskunft geben. Die Rundwege durch die liebliche Kulturlandschaft passieren südöstlich des Burghügels die aus rötlichem Sandstein erbaute Ansgarkapelle, die ebenfalls an den Mönch erinnert.
Sigtuna ist sowohl mit dem Boot als auch auf dem Landweg zu erreichen. Vor allem die Kirchenruinen und das historische Rathaus des verträumten Städtchens locken die Besucher an. Schwedens älteste Stadt hatte Erik Segersäll im Jahr 980 als Gegenpol zum heidnischen Zentrum von Gamla Uppsala gegründet. Sein Sohn Olof Skötkonung ließ hier 995 die erste Münze prägen, die Archäologen bei umfangreichen Grabungen fanden. Im Sommer präsentiert sich Sigtuna als lebhaftes, freundliches Städtchen mit malerischen Holzhäusern, romantischen Cafés und einladenden Kunsthandwerkstätten.
Am Nordufer des Mälaren finden sich zahlreiche Schlösser wie Rosersberg, Ängsö, Tidö oder Skokloster. Skokloster, etwa 20 Kilometer nordwestlich von Sigtuna gelegen, ist eines der bedeutendsten Barockschlösser der Welt und besticht durch den monumentalen Baustil, der für die Wasaschlösser typisch ist. Es ist ebenfalls von Stockholm aus mit dem Boot über das Seensystem des Mälaren zu erreichen. Umgeben von einer herrlichen Parklandschaft mit stetem Blick auf den See Ekoln, symbolisiert der helle, mächtige Bau seit dem Jahr 1676 die schwedische Großmacht.

16 Kilometer südlich von Västerås liegt auf einer Landzunge im Mälaren das Schloss Tidö. Das von Axel Oxenstierna beauftragte Bauwerk ist das besterhaltene Mälarschloss aus dem 17. Jahrhundert. Die Repräsentationsräume, die Schlosskapelle und ein Wagen- und Spielzeugmuseum sind zu besichtigen.
Am Südufer des Sees liegt das idyllische Mariefred, ein aus dem Pax mariae der Kartäusermönche hervorgegangenes Städtchen. Es lockt seine Gäste mit dem berühmten Gripsholm, einer der besterhaltenen Burganlagen der Wasakönige. Das Äußere erinnert ein wenig an die Wasserburgen in Skåne. Die Ursprünge dieser reizvoll auf einer Halbinsel gelegenen Festung reichen bis ins 14. Jahrhundert, ehe es Gustav Wasa 1537 zur heutigen Gestalt mit vier Türmen und Innenhof umbaute. Gripsholm blickt auf eine bewegte Vergangenheit zurück: 1547 verkündete Gustav Wasa hier die Erbmonarchie, König Erik XIV. hielt in diesen Mauern seinen Bruder bis 1569 gefangen und wurde anschließend selbst eingekerkert. Königin Kristina bereitete 1654 ihre Flucht vor den Protestanten nach Rom vor. Ab 1740 lenkte Prinzessin Lovisa Ulrika die Geschicke des Schlosses. Sie begann 1744 eine Porträtsammlung, die heute die bedeutendste in Schweden ist.
Unter der schönsten Eiche Mariefreds liegt Kurt Tucholsky begraben, der um 1930 den Roman »Schloß Gripsholm« schrieb und sich hier 1935 das Leben nahm. Auf seinem Grabstein ist der Sinnspruch »Alles Vergängliche ist nur ein Gleichnis« zu lesen. Gripsholm lässt sich im Sommer von Stockholm aus mit dem alten, von 1903 stammenden Dampfer S/S Mariefred erreichen – eine wirklich romantische Bootsfahrt.

3

Uppsala – das geistige Zentrum Schwedens

Noch vor 3000 Jahren bedeckte die Bottnische See die Ebene rund um Uppsala. Im Zuge der Landhebung entstand hier fruchtbares Ackerland, das dem Königreich eine tragfähige Basis gab. 1258 wurde in Gamla Uppsala ein Bischofssitz gegründet. Das sagenumwobene Alt-Upp-

1 *Abendstimmung an einem der unzähligen Arme des Mälarsees bei Skokloster.* – 2 *Auf der Insel Birka im Mälarsee zwei Bootsstunden westlich von Stockholm befand sich die erste dauerhafte Siedlung Schwedens.* – 3 *Im Mälar-Ort Sigtuna wurden zahlreiche Szenen aus den Filmen von Inga Lindström gedreht.*

sala war bereits im sechsten Jahrhundert ein bedeutender Kultplatz. Für die heidnischen Svear-Könige der Wendelzeit errichtete man hier Grabhügel, die heute innerhalb der historischen Anlage mit dem neu errichteten Museum zu besichtigen sind. Erst nachdem der Bischofssitz aus Sigtuna hierher verlegt wurde, entwickelte sich Uppsala zum geistigen Zentrum des Landes. 1286 tauchte erstmals der Name Uppsala auf. Die akademische Laufbahn begann 1477 mit der Gründung der ältesten Universität Schwedens durch Erzbischof

Jakob Ulvsson. Internationalen Ruf erlangte sie erst im 18. Jahrhundert, als Größen wie Celsius und Linné hier lehrten.
Heute präsentiert sich die prächtige Stadt lebhaft mit Straßencafés, großzügigen Grünanlagen und verlockenden Einkaufsmeilen. Der Dom zu Uppsala – Skandinaviens größtes Gotteshaus – ist die herausragendste Sehenswürdigkeit der Stadt und gleichzeitig das religiöse Zentrum des Landes. 1260 begannen französische Baumeister und Steinmetze aus Gotland mit dem Bau. Erst 1435 wurde das im Stil der Hochgotik gehaltene Gotteshaus fertig gestellt und eingeweiht. Von Anfang an pilgerten Gläubige aus ganz Schweden zum goldenen Reliquienschrein des Hl. Erik. Mehr als 13 000 Quadratmeter Kirchenmalereien schmücken das Innere neben tausenden Bildern, Wandtextilien und in Stein gehauenen Symbolen. Der Dom war bis 1719 Schauplatz von prachtvollen Königskrönungen.

Das mächtige rote Schloss bezeugt die teils dramatischen Ereignisse der Wasazeit – blutrünstige Morde, aber auch Krönungszeremonien. Der imposante Bau, der mit dem Dom das Stadtbild dominiert, wurde um 1540 unter Gustav Wasa begonnen. Der Standort auf dem Hügel gegenüber dem Dom sollte bewusst die Vorherrschaft der weltlichen Monarchie gegenüber der katholischen Kirche ausdrücken. Im Jahr 1757 erhielt die Anlage mit den mächtigen Rundtürmen ihre heutige Form. Im Inneren befinden sich der Reichssaal, das städtische Kunstmuseum, die Universitäts-Kunstsammlung sowie historische Gewölbe mit einem Wachsfigurenkabinett.

Die Universität Uppsala prägt das Bild der Stadt seit über 500 Jahren. Das ehrwürdige Institut brachte viele Forscher und namhafte Wissenschaftler wie den Botaniker und Begründer der Pflanzensystematik Carl von Linné, den Astronomen Anders Celsius oder das Universalgenie Olof Rudbeck hervor. Das heutige Hauptgebäude wurde 1887 im pompösen Neurenaissance-Stil errichtet und beherbergt Aula, Hörsäle und Direktionsräume. Heute sind die Fakultäten über die ganze Stadt verstreut.
Gegenüber der Turmseite des Doms, unterhalb des Hauptgebäudes der Universität, befindet sich das Gustavianum, das über 200 Jahre lang das Hauptgebäude der Universität war. Die merkwürdige Kuppel mit der imposanten Sonnenuhr konstruierte Olof Rudbeck, der Entdecker der Lymphgefäße, im Jahr 1663.

Das Erbe des Blumenkönigs

Ein kleines rotes Anwesen in Uppland bildete einst den Mittelpunkt der botanischen Forschung. Hammarby, wo der 1707 in Uppsala geborene Carl von Linné von 1757 bis zu seinem Tod 1778 lebte, lehrte und arbeitete, ist im Originalzustand erhalten. Auch der kleine quadratische Pavillon auf der Anhöhe hinter dem Haus wirkt von innen, als hätte Linné ihn eben erst verlassen. Hier verwahrte er auch sein weltberühmtes Herbarium. Linné war Botanikprofessor in Uppsala, später Vorsitzender der Akademie der Wissenschaften.

1 *Die Grabhügel der Svaer-Könige bei Gamla Uppsala sind UNESCO-Welterbestätte.* – 2 *Die Kirche in Gamla Uppsala hatte mehrere Vorgänger; der heutige Bau stammt aus dem 15. Jahrhundert.* – 3 *Die Domkirche von Uppsala ist das bedeutendste Bauwerk der Stadt und war lange Bischofssitz.*

2

3

1

2

3

1 *Auf der Museumsinsel Djurgården befindet sich das Freilichtmuseum Skansen, das alle traditionellen schwedischen Bauformen auf engstem Raum zeigt.* – 2 *Nicht nur im, auch vor dem Wasa-Museum auf Djurgården bestimmen Schiffe das Bild.* – 3 bis 5 *Im Sommer sind alle Häuser in Skansen »belebt«, Laiendarsteller tragen historische Trachten und üben in den verschiedenen Häusern und Werkstätten traditionelle Handwerke aus.*

4

5

Lächelnder Süden und Osten

Die Kornkammer des »Dreikronenreichs« hat einiges zu bieten: Schlösser, mondäne Städte, das eigenwillige Gotland oder das traditionelle Glasreich. Schonen ist auch die Heimat von Kommissar Wallander, hier beginnt Nils Holgersson seine Reise auf dem Rücken der Wildgänse.

Das liebliche Örtchen Trosa an der Ostküste mit der Uferpromenade des Trosaån.

Skåne ist anders

Malmö – Lund – Ales Stenar – Trelleborg – Ystad – Glasreich – Visby – Götakanal – Småland

Südschweden umfasst die drei Provinzen Skåne (Schonen), Halland und Blekinge. Ausgedehnte Wiesen und Felder mit kleinen Waldgebieten bestimmen das Landschaftsbild Südschwedens. Dadurch erinnert die Region stark an das benachbarte Dänemark, und die zahlreichen Kirchen hier, die im dänischen Stil erbaut sind, verstärken diesen Eindruck noch. Die urbanen Zentren wie Malmö und Helsingborg gelten seit jeher als Tor zum europäischen Festland. Ortsnamen wie Karlstad lassen erkennen, dass Skåne zusammen mit Blekinge und Halland bis 1658 zu Dänemark gehörte. Ganz anders sieht es im nordöstlichen Småland aus: Hier bilden klare, fischreiche Flüsse, einsame Seen und weitläufige Wälder Landschaften, die das Herz jedes Abenteurers höher schlagen lassen.

Kulturelle Höhepunkte im Süden

Obwohl Malmö das industrielle und verkehrstechnische Zentrum Südschwedens bildet, blieb seine Innenstadt eher kleinstädtisch. Malmö bietet eine interessante städtebauliche Mischung: Zahlreiche Kanäle durchziehen den Stadtkern und seine Parks, am alten Marktplatz sind Fachwerkbauten zu bewundern. Am Westhafen windet sich der Turning Torso in den Himmel, der im Zentrum des 2005 begonnenen modernen Stadtviertels Västra Hamnen steht und vom Architekten Santiago Calavatra entworfen wurde. Das Stadthaus und die St. Petri Kyrka erinnern an die Bauwerke der Stadt Lübeck.
Malmö ist seit dem 13. Jahrhundert eine blühende Hafen- und Handelsstadt. Die günstige Lage an der Meerenge zwischen Dänemark und Schweden prädestinierte die Stadt für den Handel mit der Hanse. Reiche Heringsgründe an der Küste trugen ebenfalls zum Wohlstand bei. Am Schnittpunkt zwischen Dänemark und Schweden gelegen, wechselte Malmö öfters die Landesfahnen und stand zeitweilig auch stark unter deutschem Einfluss. Besonders die Fährverbindungen zum europäischen Festland und Dänemark bewirkten vor dem Bau der Öresundbrücke einen Aufschwung, der noch heute das wirtschaftliche Leben der Stadt prägt.
Ein Blick über den Bahnhof verrät Malmös Lage als Handelsplatz am Rande Europas: Die Züge fahren nach Deutschland, Frankreich, England, über den Gleisen ragen die riesigen Lastenkräne des nahen Hafens in den Himmel. Schnell gehen wir noch zum nahen Lilla Torget, um das internationale Treiben zu verfolgen. An Sehenswürdigkeiten hat Malmö nicht allzu viel zu bieten, es ist mehr die ausgelassene, urgemütliche Atmosphäre, die uns Besucher anzieht und die vor allem in den Innenhöfen des Kleinen Platzes zu spüren ist: Galerien und Geschäfte säumen dieses 1591 entstandene Areal.
Die bemerkenswertesten Baudenkmäler der Innenstadt sind das Rathaus und die Kirche am Stortorget. Die Fassade des

1 *Im zu Malmö gehörenden Limhamn lässt sich die Natur in purer Idylle genießen.* – 2 *Der quadratische Marktplatz Stortorget bildet das Zentrum der Altstadt von Malmö.*

DOLLY

1

J. ALTHEN'S
SKRÄDDERI - AFFÄR
Östergatan 12
RESTAURANT HIPPODROMEN
GUST. WOLKE
KÖP
GLAS
ÄR FINAST
MALMÖ BILLIGASTE
MANUFAKTUR- &
KAPP-AFFÄR
PREISLER
Bolia.com

2

BLEF DENNA BYGGNAD
ANDRAD OCH FORBATTRAD 1812

ehrwürdigen Stadthauses zeigt Symbole aller Erwerbszweige Malmös: Handel, Ackerbau, Schifffahrt. Inmitten des Lilla Torget erhebt sich die Statue Karl X. Gustavs – sie erinnert an den Friedensvertrag, der Malmö endgültig schwedisch werden ließ. Dahinter ragt der grüne Turm der St.-Petri-Kirche auf, die vom deutschen Einfluss im 13. und 14. Jahrhundert zeugt.

Unter Studenten in Lund

Nicht weit von Malmö entfernt beherbergt Lund, eine der traditionsreichsten Hochschulstädte des Landes, einen sehenswerten Dom. Seine verwinkelten, kopfsteingepflasterten Gässchen machen den Besucher glauben, in England zu sein. Lund, die einstige Hauptstadt, blickt auf eine fast 1000-jährige Geschichte zurück. Der Dänenkönig Sven Gabelbart hatte den Ort bereits 990 gegründet. 1020 erhielt er das Münzrecht und avancierte zu einer der bedeutendsten Städte des Mittelalters. Als Bischofssitz übernahm Lund ab dem 12. Jahrhundert auch die Rolle als geistiges Zentrum Schwedens.

Der Aufschwung endete erst 1536 mit der Reformation. Damals besaß Lund nicht weniger als 27 Kirchen und acht Klöster, die 1538 fast ausnahmslos abgerissen wurden. In der Folge des Friedens von Roskilde wurde 1666 die Universität gegründet – eine neue Perspektive für die Zukunft. Heute zählt Lund zu den beliebtesten Studentenstädten Schwedens, wenn nicht Europas. Im Stadtzentrum locken zahlreiche Kneipen und »In-Lokale«. Ansonsten präsentiert sich Lund als verschlafene Kleinstadt, deren imposante Prunkbauten fast wie Fremdkörper wirken.

Vom wenig schmucken Stor Torget führt uns die Kyrkogatan direkt zum Dom, der bedeutendsten Sehenswürdigkeit der Kleinstadt. Die Anfänge des mächtigen Sakralbaus reichen bis in das Jahr 1104 zurück, als Südschweden vom Erzbistum Hamburg-Bremen gelöst wurde und seinen eigenen Erzbischof bekam. Die Kirche entstand damals im romanischen Stil mit dreischiffigem Innenraum und Krypta. Am 1. September 1145 weihte Erzbischof Eskil den Hochaltar zu Ehren der Jungfrau Maria und des Märtyrers St. Laurentius ein. Der farbenprächtige Sandstein der Mauern stammte aus dem 40 Kilometer entfernten Höör.

Zwischen 1868 und 1890 wurde der Dom unter Leitung des berühmten Architekten Helgo Zettervall umfassend restauriert. Er baute vor allem die Westfassade und die Türme um und gab dem Bauwerk sein heutiges Gesicht. Die Apsis repräsentiert die monumentale Architektur des Gotteshauses wohl am vollkommensten. Von ihrem massiven Sockel erhebt sich eine Arkade, deren Halbkolonnen und Doppelbögen sich an die Mauern stützen. Im nächsten Stockwerk durchbrechen Fensteröffnungen die Mauern und die Arkadenböden werden von Säulen getragen. Das Mosaik des Gewölbes stellt die Wiederkehr Christi dar. Es stammt vom däni-

2

3

4

1 *Das Rathaus von Malmö stammt trotz seiner historisch wirkenden Fassade erst aus dem Jahr 1964.* – 2 *Eine historische Straßenbahngarnitur fährt noch rund um das Schloss von Malmö.* – 3 *Das alte Universitätsgebäude von Lund präsentiert sich in voller Pracht.* – 4 *Straßenmusiker finden am Hauptplatz immer begeisterte Zuhörer.*

schen Künstler Joakim Skovgaard. Links des Hauptportals prangt die weltberühmte astronomische Uhr, Horologium mirabile Lundense von 1380. Sie zeigt das Weltbild der Antike, stellt sie doch die Erde ins Zentrum des Universums.
Nördlich des Doms schließt sich der Stadtpark Lundagård mit dem alten Universitätsgelände an. Das Kungshuset am östlichen Ende diente dem dänischen König Frederik II. als Residenz und ging später in den Besitz der Universität über.

Am Tegnérplatsen östlich des Parkes steht das Kulturen, das Kulturhistorische Museum Lunds, zu dem auch ein großes Freilichtmuseum gehört. Neben der Besichtigung der Prunkbauten lohnt aber auch ein Rundgang durch die romantischen Gassen der Altstadt, die vom Domareal zum Botanischen Garten führen. »Botan« war übrigens der erste seiner Art in Nordeuropa und beherbergt 7000 Gewächse aus aller Welt.

Die Heimat Wallanders

Skåne, die Kornkammer des Landes, hat viel Ähnlichkeit mit dem Nachbarn Dänemark. Auch heute noch beschreiben es die meisten Schweden als »anders«. Sie teilen die Ansicht, die einst Hofmarschall Rudolf Stjernsvärd äußerte: »An Schweden befestigt ist ein kleines Stück Erde, das man Schonen nennt und das dazu dient, dem Schweden zu zeigen, wie das übrige Europa aussieht.« Nils Holgersson sah hier auf seinem Flug grüne, gelbbraune, farbige Flächen – Wiesen, Ackerland, Buchenwälder, große Bauernhöfe. Wer es positiv formulieren will, sagt: Schonen ist der sympathische Auftakt zu Schweden, ein Aperitif, der Appetit auf mehr macht, aber auch allein genossen werden kann.
Man erkennt gleich, dass Schonen früher kulturell und heute noch geografisch viel mit den südlichen Nachbarländern Dänemark und Deutschland gemein hat. Nicht nur der hier ebenso fruchtbare Boden, auch die freundliche, offene Landschaft erinnert kaum an den rauen und einsamen Norden. Der wohl schönste Teil liegt im Südosten zwischen dem Nationalpark Stenshuvud und dem kleinen Fischerdörfchen Kåseberga. Der Ort ist übrigens ein kulinarischer Geheimtipp für alle Liebhaber von Räucheraal und Fisch. »Nenne es das Reich der Engel« – so beschrieb Evert Taube diese Landschaft. In der Tat ist Schonen ein märchenhaft schöner Landstrich mit wogenden Äckern und hügeligen Wiesen, meilenweiten Stränden, idyllischen Fischerdörfern und mittelalterlichen Städten.
Stets gegenwärtig sind die geradezu mystischen Zeugnisse der Vergangenheit, die viele tausend Jahre kultureller Tradition widerspiegeln. Besuchen wir zum Beispiel Ales Stenar, das nahe Kåseberga liegt. Auf einem grasbewachsenen Hügel oberhalb der Küste finden wir ein Schiff aus der Wikingerzeit, das etwa 1200 Jahre zählt. Dieses eindrucksvolle Schiff ist das größte in ganz Schweden. Ales Stenar war auch ein bedeutender Kultplatz: Der Südwestwind umweht hier 57 dicht gedrängte Monolithen, die ein Königsgrab markieren. Die Menschen des Mittelalters priesen hier ihre Götter und hielten Gericht.
Skånes historisches Erbe sind seine Schlösser und Landsitze, wie zum Beispiel das Wasserschloss von Vittskövle mit seinem romantischem Park und dem Ringgraben. Auch Christinehov, Bäckaskog, Wanas oder Kärnan gleichen Freilichtmuseen des feudalen Lebens im 17. und 18. Jahrhundert. Natürlich beginnt auch Nils Holgersson seine Rundreise durch Schweden in Skåne. Und das mit gutem Grund: Hier befindet sich der ideale Ausgangspunkt für eine Reise durch ein Land, das sich über 1581 Kilometer in den hohen Norden erstreckt.

1 *Das Gehöft von Lillgården ist eines der klassischen Bauernhäuser, die in Skåne im 19. Jahrhundert gebaut wurden.* – 2 *Die Steinsetzung Ales Stenar bei Kåseberga ist die größte des Landes.* – 3 *Wiesen, Wälder, Äcker und große Bauernhöfe bilden die liebliche Kulturlandschaft von Südschweden.*

2

3

1

Die Rede ist vom kleinen Hafen Smygehuk nahe Trelleborg, dem südlichsten Landpunkt Schwedens. Stolz prangt im Hafen ein Schild, das den Breitengrad Smygehuks angibt: 55 Grad 20 Minuten 2 Sekunden nördlicher Länge. Wie am Nordkap oder Polarkreis dürfen auch hier die Entfernungen zu den wichtigen europäischen Städten nicht fehlen: London 989 Kilometer, Paris 1049 Kilometer, Moskau 1489 Kilometer.

Eine Romanfigur namens Kurt Wallander machte Skåne in jüngster Vergangenheit über die Landesgrenzen hinaus bekannt. Henning Mankell schuf mit diesem eher farblosen Kommissar einen schwedischen Columbo. Der Held stammt aus Ystad, einem Örtchen an der Südküste. Mankell ließ die Stadt und Schauplätze in der Umgebung etwa in sein Buch »Der Mann, der lächelte« einfließen und verhalf dem verschlafenen Ystad zu einer touristischen Attraktion – den sehr populären »Touren auf den Spuren des Kommissars«.

Wandeln also auch wir ein wenig auf den Spuren des Kommissars: Wallander arbeitet für die Ystader Polizei. Er selbst wohnt auf der Mariagatan. Im Roman »Mörder ohne Gesicht« ist vom Österleden zu lesen, einer Straße östlich von Ystad, wo Wallander verdächtige Personen aufsucht. In »Mittsommermord« spielt das Haus des pensionierten Bankdirektors Bror Sundelius in der Vädergränd eine Rolle, in »Die weiße Löwin« dienen die Buchhandlung am Stortorget und ein Immobilienbüro auf der Hamngatan als Schauplätze.

Im Glasreich

Wie die Dünungen des Meeres, wie die sanft geschwungene südschwedische Landschaft, wie Wellen, die ihre gläsernen Träume gegen den Strand spülen – so präsentieren sich die Objekte, welche die Handwerker in den Glashütten des schwedischen Glasreiches hervorbringen. Sie sind echte Künstler, die blaue, goldene und grüne Farbnuancen in die Glasmasse zaubern und grazile Gebilde und herausfordernde Formen schaffen. Die Region westlich von Kalmar, in der seenreichen Waldlandschaft zwischen Växjö und Nybro, beherbergt 15 Hütten, was ihr den Beinamen »Glasreich – glasriket« einbrachte. Die Glasgegend bildet ein Dreieck, das von Nybro über Växjo bis Lindshammar reicht, wo eine der bekanntesten Glashütten zu Hause ist. Diese Kunst hat hier eine lange Tradition: Gustav Wasa ließ im 16. Jahrhundert Glasbläser aus Venetien nach Schweden kommen, die hier ihre unnachahmliche Kunst lehren sollten. Schon bald entstanden erste Betriebe in Nybro, Boda, Orrefors oder Bergdala, bis es im 19. Jahrhundert mehr als 200 Glashütten gab.

Heute beheimatet das Glasreich 15 Hütten oder bruks, von denen jede ihren charakteristischen, eigentümlichen Stil entwickelt hat: Blätter und Stängel zieren die Vasen der Johansfors bruk, feingliedrige Fische in allen Farben des Regenbogens prangen auf den Werken von Nybro, Glas in zeitlosem Design kommt aus Skruf, klare Linien mit unauffälligem Dekor verraten die Objekte aus Pukeberg und Orrefors lässt Tradition und Moderne zu lustvollen und farbenfrohen Formen verschmelzen.

Die älteste noch erhaltene Glashütte ist Kosta Boda, gegründet 1742. Im Sommer bieten einige Betriebe die Möglichkeit, in den Fabrikhallen den Glasbläsern bei ihrer kunstfertigen, doch schweißtreibenden Arbeit zuzusehen. In den vielen Hütten angeschlossenen Museen werden historische Objekte und andere Kunstwerke ausgestellt, während die Fabrikläden die Kostbarkeiten zum Kauf anbieten.

In der ehemaligen Residenzstadt Växjö, dem städtischen Zentrum des Glasreichs,

1 *Der Gamla Handtwerkaregården in Ystad.* – 2 *In Ystad mit seinen lieblichen Gassen ist Kommissar Wallander zu Hause, zumindest in den Romanen.* – 3 *Das sogenannte Glasreich liegt östlich von Kalmar, hier sind berühmte Glashütten wie Orrefors oder Kosta Boda beheimatet.*

befindet sich Europas größtes Glasmuseum, das eine einzigartige Sammlung zu diesem Handwerk präsentiert. Das Museum hält auch eine kuriose Tradition lebendig: das »Glasheringsessen«. Früher brachten die Glasbläser als Verpflegung einen rohen Hering mit, den sie im Glasofen grillten. Der »hyttsill« wurde aber auch bei Gesellschaftsabenden oder Feiern verzehrt – der Glashütte kam also auch eine wichtige Rolle im sozialen Leben zu. Die meisten Glashütten veranstalten heute im Sommer »hyttsill-Abende« für Touristen.

1

Gotland, Hanse und Mittelalterfest

Wer Schweden kennt und Gotland besucht, merkt es sofort: Gotland ist unvergleichlich. »Ein Mann namens Tjelvar fand Gotland als Erster und brachte das Feuer auf die Insel, und danach versank es nie mehr …« So heißt es in der Überlieferung der Gutasage aus dem 13. Jahrhundert. Bis heute hat sich an der sagenumwobenen Aura der Insel dank ihrer kargen, mystischen Landschaft und dem historischen Juwel Visby nichts geändert: Carl von Linné, der Gotland 1741 besuchte, notierte: »Die Stadt scheint ein Modell von Rom selbst zu sein, ihre hohen Mauern von festem, behauenem Stein, ohne Zusatz von Ziegeln, ihre herrlichen Pfeiler und kunstvollen Gewölbe lenken unsere Gedanken auf ihre einstige Blüte.« Von der Wikingerzeit bis ins 13. Jahrhundert war die Insel Zentrum des Ostseehandels und stand im Mittelpunkt der Hanse.

Die Blüte der Hansezeit bedingte eine Blüte der Insel, denn die Gotländer waren geschickte Seefahrer und Kaufleute. So gelangten sie zu großem Reichtum, dem sie durch den Bau prachtvoller Kirchen Ausdruck verliehen. Heute sind hier 92 Landkirchen mit breiten Türmen und Giebeln zu besichtigen, während von den ursprünglich 16 Kirchen der Hauptstadt Visby nur die Marienkirche übrigblieb. Einen Wendepunkt in Gotlands Geschichte markierte die Eroberung 1361 durch den dänischen König Waldemar Atterdag. Damit fand die alte Vormachtstellung ein jähes Ende. 1525 gelangte ein Heer aus Lübeck nach Gotland, das Visbys Macht als Beherrscherin der Ostsee brechen sollte. In den folgenden Jahrhunderten konnte die Insel nie mehr an ihre frühere Vorrangstellung anschließen. Es blieb nur die romantische Erinnerung, die in den Kirchenruinen Visbys, den historischen Schätzen, der mystischen Landschaft und nicht zuletzt in den uralten Bräuchen wie dem Mittelalterfest lebendig bleibt.

In Visby gerät jeder Stadtrundgang zu einer lebendigen Geschichtsstunde. Schon die 44 Türme und Pforten der Stadtmauer, die seit dem Mittelalter vollständig erhalten blieben, wären ausreichend, um Visby in den Reigen der Weltkulturstätten aufzunehmen. Dazu gesellen sich zusätzlich die Zeugnisse der Hansezeit und der unverbaute Wallgraben, der von längst vergangenen Kriegen erzählt. Bauwerke mit klingenden Namen wie Jungfrauenturm, Silverhätten, die Teerkocherei, das Snäckgärdstor, der Dalmansturm oder das auffällige niedergerissene Mauerstück der Lübecker Bresche, wo 1525 die Lübecker Soldaten eindrangen, geleiten den Besucher durch die Epochen.

Nord-, Süd- und Osttor waren einst die Haupteingänge zur Stadt. Tagsüber brachten die Kaufleute hier ihre Waren zum Markt, nachts wurden die schweren Holztüren geschlossen und bewacht. Am südöstlichen Ende der Stadtmauer befinden sich heute die Reste der Burg von Visborg, die einst eine der Größten ihrer Art im Norden war. Doch ihre Steine wanderten in Kalköfen oder wurden zum Bau das Schlosses in Stockholm verwendet.

1 *Das Mittelalterfest findet jedes Jahr im August in Visby statt.* – 2 und 3 *Im »Kosta Boda Art Hotel« in Kosta, mitten im Glasreich gelegen, ist der Name der Region Programm.*

2

3

1

2

Alljährlich Anfang August scheint die Zeit in Visby stehen zu bleiben. Dann geht es auf zum »Medeltidsveckan« oder Mittelalterfest, einem Karneval mitten im Sommer. Die Stadt verwandelt sich in dieser Zeit zur Bühne und die Bewohner und Besucher übernehmen die Rolle der Schausteller: Sie verkleiden sich als Ritter, Gaukler, Handwerksleute, Edelleute und Könige. Neben dem traditionellen Ritterspiel bietet das Mittelalterfest Theater- und Gesangsaufführungen, Märkte und mittelalterliche Schänken.

Auch Gotland ist von den Kräften der Natur geprägt. Dieser Landstrich ist »Schweden ganz anders«. Felsige Steilküsten, Geröllfelder, imposante Kalksteinformationen, weißer Sandstrand, blühende Weiden, einsame Wacholderheiden und vom Wind zerzauster Kiefernwald machen die vielfältige Landschaft Gotlands aus. Auf der im Norden gelegenen Insel Farö schuf die Natur ihre eigenen Skulpturen in Form der Kalksteinsäulen, Raukare genannt. Sie gehören zu den kühnsten Gebilden, die das Meer jemals aus den Küsten meißelte.

Schiffsreise im Schneckentempo

»Reser man på Göta Kanal är inte malet det viktiga, utan resans upplevelser« – »Bei dieser Fahrt ist nicht das Ziel das Wichtigste, sondern all die Sehenswürdigkeiten entlang der Reise« – der Weg ist also das Ziel. Die Reise auf lieblich-weißen Kähnen entlang des Götakanals lässt sich kaum treffender beschreiben. Sorglos gleitet man bei einem Tempo von zehn Kilometern pro Stunde durch Schwedens lieblichste Landschaften. Der Kanal zählt zu den bedeutendsten technischen Meisterleistungen des Landes. Während die schattigen Wälder, die zahlreichen Seen, die goldgelben Kornfelder und die kleinen Dörfer an der Reling vorbeiziehen, werfen wir einen kurzen Blick auf die Geschichte des Kanals.

Diese romantische Wasserstraße, welche die Ostsee und die Nordsee verbindet, wurde im Jahr 1832 eröffnet. Wer an Bord der kleinen Schiffe reist, erlebt nicht nur die herrliche Landschaft, sondern auch die althergebrachte Technik. »Juno« und »Wilhelm Tham« heißen zwei der historischen Dampfer mit weißem Rumpf und schwarzem Schornstein, welche die rund 600 Kilometer lange Strecke befahren. Unterwegs passieren die Schiffe 65 Schleusen. Nur ein Drittel der Strecke ist ein echter Kanal, der Rest verteilt sich auf Seen, Flüsse und das Meer.

32 Jahre dauerte es, den Kanal zu bauen. Baltzar von Platen hieß der visionäre Techniker, der das Projekt – eines der gigantischsten Bauwerke in der schwedischen Geschichte – realisierte. Die Wasserstraße förderte den wirtschaftlichen Aufschwung des Landes beträchtlich, weil sie den Schiffern den Öresundzoll ersparte, der bei Befahren des Kattegatt an Dänemark zu zahlen war. Seit dem 16. Jahrhundert hatte Schweden davon geträumt, seine Schiffe zwischen Ost- und Nordsee

3

4

5

1 *Der Hafen Visbys erlebte im 11. Jahrhundert als einer der wichtigsten Handelsplätze der Hanse eine Blütezeit.* – 2 *Im Naturreservat Högklint im Süden Gotlands.* – 3 bis 5 *Beim Mittelalterfest in Visby gibt es neben Ritterspielen, Bauernmärkten, alter Handwerkskunst und urigen Gasthäusern auch Gaukler und Harlekins.*

ungehindert hin und her zu bewegen. Schon 1607 wurden erste Kanalschleusen gebaut. Doch dann verstrichen zwei Jahrhunderte, ehe das große Vorhaben mit dem Bau einer Schleuse bei Trollhättan begonnen wurde.
Heute hat der Kanal nur noch nostalgischen Wert. Majestätisch gleiten die Dampfer im Schatten der Bäume durch die weite Landschaft Västergötlands, durch Vänern und Vättern und entlang der Ostseeschären vor Stockholm bis an die Mündung des Mälarsees. Um Punkt neun startet die »Juno« in Göteborg. Anfänglich führt der Kanal aufwärts entlang des Götaälv und erreicht bei Vänersborg den Vänersee. Allein bis Trollhättan müssen fast 40 Meter Seehöhe überwunden werden. Wem dieser Streckenabschnitt nicht gefällt, der soll nicht verzweifeln, denn er ist nicht typisch für den Kanal. Hier erleben wir eine viel befahrene Wasserstraße zum schwedischen Binnenmeer, die nichts von der stillen Romantik des restlichen Kanals besitzt.
Die Dampfer gleiten dann in weitem Bogen über den Vänern, um bei Sjötorp in den eigentlichen Kanal einzubiegen. Kurz vor dem Vikensee durchläuft der Kanal ein mehrere Meter langes Teilstück, das aus dem Felsen gesprengt ist. Auch der Vikensee muss mit Vorsicht befahren werden, denn Untiefen lassen nur eine enge Fahrstraße frei. Doch keine Angst – die Kapitäne der Dampfer verstehen ihr Handwerk! Auf 92 Metern Seehöhe ist der Scheitelpunkt des Kanals erreicht.

Forsvik, die nächste Station, hat die älteste Schleusenanlage. Sie verbindet den Vikensee mit dem Vättern. Nun sind die Reisenden schon über einen Tag unterwegs. Doch langweilig wird es ihnen an Bord nicht, denn der Blick über die Reling bietet viel Kurzweil. Auch an Bord ist für jeden Besucher bestens gesorgt: Die opulenten Abendmenüs werden im wunderschönen Speisesaal gereicht und die Veranda am hinteren Ende des Schiffs lädt zum Verweilen ein. Im Salon stehen gemütliche Sofas, zwischen den Petroleumlampen kann man hier stilvoll einen Cognac einnehmen.
Die meisten Dampfer überqueren den Vättern nachts, nachdem sie den Kanallauf bei der mächtigen Festung Karlsborg verlassen haben. Am Ausgang des Vättern erreichen sie die Retortenstadt Motala. Hier hat man früher Erze verschifft, die in der Region gewonnen wurden. Die Stadt beherbergt das Geschäftsgebäude der Götakanalschifffahrt und das Götakanal-Museum.
Sind die Schleusen von Borenshult passiert und das Boot über sechs Kammern in den Borensee hinabgelassen worden, steuern wir den schönsten Kanalabschnitt an. Mit Sörby, Ruda oder Sjöbacka folgen einige kleine Brückenübergänge, die jeweils mit Wärtern besetzt sind. Auch der 1750 erbaute Landsitz von Brunneby liegt am Kanal. Die Dampfer fahren nun durch waldreiche Gebiete – Radfahrer können die Schiffe übrigens auf den alten »Treidelpfaden« begleiten. In Berg wartet dann eine besonders spektakuläre Schleuse: Wie auf einer Rolltreppe gleitet das Schiff in den tiefer gelegenen Roxensee. Über 30 Höhenmeter sind dabei in neun Schleusenstufen zu überwinden.
Nun folgt der letzte Abschnitt, ehe das Schiff bei Mem die künstliche Wasserstraße verlässt und den Schärengarten der Ostsee erreicht. Durch ein Labyrinth bewaldeter Inselchen, kahler Schären und Wasserstraßen steuert der Kapitän dem Mälarsee und Stockholm entgegen. Hier angekommen, legt der Dampfer am Riddarholmenkai in der Altstadt an.
Eine 620 Kilometer lange Schiffsreise geht zu Ende. Und eine kuriose Nebenerschei-

1 *Die Schleusenanlage von Berg hebt die Schiffe mit neun Kammern fast 30 Meter hinauf oder hinab.* – 2 *Die »Juno« fährt als Passagierschiff im Sommer wöchentlich von Göteborg nach Stockholm und retour.* – 3 *Im »Göta Hotell« nahe Borensberg kann man mit unverstelltem Blick auf den Götakanal nächtigen.*

2

3

1

2

nung lässt uns zur Turmspitze der Riddarholmenkirche emporblicken: Sie ist genauso hoch wie der höchste Punkt des hinter uns liegenden Kanals.

Die Landschaft von Småland

»Die Landschaft Småland ist ein hohes Haus mit Tannen auf dem Dach, sagte der Lehrer, und davor liegt eine breite Treppe mit drei großen Stufen, und diese Treppe nennt man Blekinge. Sie erstreckt sich achtzig Kilometer entlang der Vorderseite des Smålandhauses, und derjenige, der die Treppe bis zur Ostsee gehen will, muss vierzig Kilometer wandern.«

Treffender als in diesem kurzen Zitat aus Selma Lagerlöfs »Nils Holgersson« kann man diese typisch schwedische Landschaft kaum beschreiben. Småland gilt als die südlichste Wildnis Schwedens – klare fischreiche Flüsse und Seen sowie weite Wälder, in denen zahlreiche Elche leben, bestimmen das Landschaftsbild.

Im zentralen Teil erstreckt sich die südschwedische Hochebene, die geologisch betrachtet uralt ist. Während das nördlichere Hochland am Übergang zum Vätternsee unruhiger und bergiger ist, schließt südlich eine flache, weite Seenplatte an. Hier finden sich 30 bedeutende Seen, die einst zusammenhingen. Die größte Erdfalte füllt der tiefe Vätternsee aus. Die Küste bietet im Gegensatz zum Landesinneren ein ganz anderes Bild: Sie wirkt weniger karg und lebendiger, hier liegen auch die städtischen Zentren Smålands, Oskarshamn und Kalmar.

Die Geschichte Smålands versteht man nur, wenn man seine exponierte Lage zwischen dem dänischen und schwedischen Reich berücksichtigt. Lange Zeit verlief hier die Grenze, so entwickelten die Småländer eine ganz eigene Kultur, in der sich Elemente beider Länder vermischen. Hier siedelten bereits in der Bronzezeit Menschen – aus dieser Zeit sind zahlreiche Grabhügel und Schiffssetzungen erhalten. Diese verraten dem Fachmann heute, wo sich einst Gerichtsplätze oder Königssitze befanden. Im 19. Jahrhundert durchlebte Schweden einen Wandel von der bäuerlichen zur bürgerlichen Gesellschaft. Im Zuge dessen mussten viele Bauern das karge Småland verlassen – sie bildeten den Hauptanteil der schwedischen Auswanderer nach Übersee. In der Folge vereinsamten die Höfe und ganze Landstriche.

Heute fördert die Regierung die traditionellen landwirtschaftlichen Methoden. So unterhält zum Beispiel die Schwedische Akademie für Literatur und Altertümer in Stensjö ein Projekt, das die früheren Kulturlandschaften erhalten soll. In diesem Dorf betreiben die Bauern die so genannte Schwendewirtschaft, die möglichst ohne Technik und Chemie arbeitet. Ziel ist es, das traditionelle Dorf der typisch småländischen Waldgegend als Kulturgut und Dokument althergebrachter Lebensweisen zu erhalten.

Das eigentliche Småland aber bilden Vimmerby und seine Umgebung, die Heimat von Pippi Langstrumpf und Michel aus Lönneberga, kurzum die Wirkungsstätte der berühmten Schriftstellerin Astrid Lindgren.

Wenige Kilometer außerhalb der Kleinstadt, in der die »Astrid Lindgren Värld« vor allem Kinder anlockt, finden sich die Schauplätze der Geschichten: das Katthult des Michels aus Lönneberga oder Sevedstorp, die Heimat der Kinder aus Bullerbü. Am Weg nach Katthult stößt man auf die Rumseken, Vorbilder des Limonadenbaums aus Pippis Garten. Die liebliche Landschaft mit den kleinen Dörfchen macht sofort klar, warum die Kindergeschichten hier angesiedelt sind.

1 *Einer der 100 000 Seen in der småländischen Landschaft zwischen Växjö und Nybro.* – 2 *Rote Holzhäuser gibt es in Schweden sogar noch mehr als Seen.* – 3 *In der Astrid Lindgrens Värld in Vimmerby werden im Sommer die schönsten Szenen aus den Büchern aufgeführt.*

Die Halbinsel Kallandsö im Vänernsee ziert das Märchenschloss Läckö.

785

Schwedens Westen

Bizarre Granitküsten, der herrliche Schärengarten der Provinz Bohuslän, die nördlich von Göteborg beginnt, das mosaikartige Wechselspiel aus dunklen Wäldern, tiefblauen Seen und breiten Flüssen, das die Regionen Dalsland und Värmland charakterisiert, dazu idyllische Dörfer, die unverwechselbaren roten Häuschen und jede Menge Gelegenheiten für Urlaubsfreuden und Sommerträume. Für Kanuten gilt das Dalsland als wahres Eldorado, während Segler vor der Küste des Bohuslän auf ihre Rechnung kommen. Kein Wunder, dass ein Teil dieser Ferienregion auch Côte d'Azur des Nordens genannt wird. Den Reiz dieser Gegend kannten die Menschen schon lange und haben auf den gleißenden Granitplatten Felsritzungen hinterlassen.

Das Bohuslän wird vor allem wegen der Schären geschätzt, die die Küste zu einem Irrgarten aus Felsen und Wasserstraßen machen, hier die Schärenküste bei Hamburgsund.

Land der Sommerträume

Göteborg – Tjörn – Smögen – Tanum – Dalsland – Sunne – Torsby

Die Provinzen Dalsland, Bohuslän und Värmland zählen zu den beliebtesten Urlaubsgebieten Schwedens. Und das zu Recht, denn alle drei bieten eindrucksvolle Landschaften: Einsame Urwaldgebiete, lang gestreckte Seen, felsige Berghöhen, fruchtbare Täler und gemächlich dahinziehende Flüsse prägen das Dalsland und Värmland. Diese Region gilt als »Schweden im Kleinformat« – vor allem Kanuten und Wanderer finden hier ein wahrhaftiges Paradies.

Im südlich angrenzenden Bohuslän besticht die Schärenküste mit ihren zahllosen Granitinseln. Liebliche Fischerdörfer laden zum Verweilen ein. Der kulturelle Höhepunkt sind die Felsritzungen von Tanum-Vitlycke, die zu den wertvollsten Kulturzeugnissen Skandinaviens zählen.

Göteborg – Gegenpol zur Hauptstadt

An der Mündung des Götaälv-Flusses erreichen wir Schwedens zweitgrößte Stadt Göteborg. Ihrer günstigen geografischen Lage verdankt sie den Beinamen »Pforte zum Westen«. Im Hafen durchquert das Fährschiff die mächtige Älvsborg-Brücke, die den Götaälv in weitem Bogen überspannt. Sie symbolisiert das »Tor« auf geradezu perfekte Weise. Göteborg verdankt seine Bedeutung vor allem den Hafenanlagen, die wichtige Industrien anlocken. So nutzen zum Beispiel die Autofabrik Volvo und eine riesige metallverarbeitende Fabrik die günstige Lage am Eingang zum Atlantik. Wie es einer Hafenstadt gebührt, herrscht in Göteborg eine weltoffene und internationale Atmosphäre.

Göteborg ist eine relativ junge Stadt.

Zu der Zeit, als an der Ostsee und auf Gotland schon die Hanse in voller Blüte stand, gab es hier nur einen unbedeutenden Handelsplatz namens Lödöse. Der Ort Kungsälv mit der Burg Bohus bestimmte das politische Geschick der Region. Erst Gustav II. Adolf gründete im Jahr 1619 die erste Stadt. Er lud aus dem Ausland Kaufleute ein – unter ihnen zahlreiche Holländer –, einen starken Handelsplatz aufzubauen. Am 4. Juni 1621 unterzeichnete der König den Privilegienbrief, der den Magistrat der Stadt ernannte. Da die Stadt auf überwiegend sumpfigem Gelände entstehen sollte, legten die Holländer nach dem Vorbild Amsterdams Kanäle an. Zudem schützten sie ihren Ort mit Schanzen und Wallgräben. Heute können sich Besucher in flachen Booten durch diese Kanäle und Schanzanlagen gondeln lassen.

In den folgenden Jahren blühte Göteborg regelrecht auf: Die Stadt wurde nie eingenommen und der Handel wuchs beträchtlich. Die Verbindungen reichten bis nach England, Schottland und Deutschland, um 1730 entstand sogar ein regelmäßiger Handelskontakt mit China. Im Umland von Göteborg siedelten sich zahlreiche Industriebetriebe an, während Göteborg zum wichtigsten skandinavischen Hafen heranwuchs.

Dennoch muss sich der Besucher heute vor den Industriebetrieben nicht fürchten – wenn er die Innenstadt nicht verlässt. Weit vor den Toren der Stadt werden nämlich die Waren umgeschlagen und die Schiffe gelöscht. So gehört das Zentrum den lebensfrohen und humorvollen Bewohnern, die aus ihrer Abneigung gegen die weit entfernte Hauptstadt kei-

1 *Der Hafen von Göteborg ist nicht nur der zweitgrößte des Landes, sondern auch das Tor zum Atlantik. Hier wurde das moderne Opernhaus errichtet.*

1

1

nen Hehl machen. Dieses Gefühl ist durchaus verständlich: Göteborg musste oft zugunsten der Hauptstadt seine eigenen Interessen zurückstecken. Die Stadt ist zwar sonniger und fröhlicher als Stockholm, ihr Flair ist jedoch mit dem der ehrwürdigen Metropole Stockholm nicht zu vergleichen.

Dennoch lohnt sich ein Besuch der »kleinen Schwester« unbedingt. Der historische Gustav-Adolf-Platz mit dem Rathaus, der Börse und der Statue zu Ehren des Stadtgründers markiert das Stadtzentrum. Gleich dahinter ist die Kristinekyrka, die Deutsche Kirche, zu finden. Sie wurde ursprünglich im 17. Jahrhundert errichtet, fiel aber später einem Brand zum Opfer. Insgesamt verwüsteten Großfeuer fünfmal die Altstadt Göteborgs, so dass heute kaum eines der ursprünglichen Häuser mehr steht. Das Kronhuset, das einst als Zeughaus diente, ist der älteste noch erhaltene Profanbau der Stadt. Eine besondere Aura verströmt das Gebäude der Ostindischen Kompanie, das im 18. Jahrhundert die Zentrale der Handelsgesellschaft beherbergte.

Am Gustav-Adolfs-Torget beginnt die Kungsportsavenyn, eine 50 Meter breite und rund einen Kilometer lange Prachtstraße, die zweifellos das gesellschaftliche Zentrum der Stadt ist. Unter den Baumkronen der Allee drängen sich zahlreiche Cafés, kleine Geschäfte, edle Boutiquen und prächtige Patrizierhäuser – den Vergleich mit den klassischen Boulevards anderer mitteleuropäischer Metropolen muss die Kungsportsavenyn wirklich nicht scheuen. Einst standen hier nur Holzhäuser, denn erst ab der Jahrhundertwende durften die Patrizier von Göteborg ihren Reichtum in Form von Steinbauten zur Schau stellen. Diese Straße bietet sich wie keine andere zum Flanieren an – munter wandern wir vom klassizistischen Nationaltheater zum Götaplatsen. Die netten Straßencafés geben uns Gelegenheit, das bunte Treiben in Ruhe zu genießen. Hier zeigt sich Schweden von einer ganz anderen Seite – insgesamt führt die Westküste dem Besucher vor Augen, wie bunt die schwedische Nation ist.

Die Kungsportsavenyn endet am Götaplatsen, den der imposante Poseidonbrunnen des schwedischen Bildhauers Carl Milles beherrscht. Rundum finden wir das Kunstmuseum mit der umfangreichsten Sammlung skandinavischer Kunst, die Konzerthalle und das Stadttheater. An der Schnittstelle der Straße mit den Parkanlagen am Vallgravenkanal liegen das »Große Theater« und die Malerschule Valand, in der Carl Larsson tätig war.

Eine besondere Sehenswürdigkeit Göteborgs sind die historischen Straßenbahnen. Ein solches Verkehrsmittel gibt es außer in Göteborg nur noch in der Hauptstadt. Eine U-Bahn konnte man in Göteborg wegen des lehmigen Untergrundes nicht bauen. So fährt heute noch zwischen Hauptbahnhof und Vergnügungsviertel die alte Bahn.

2

3

4

1 *Der Turm Utkiken überragt den Hafen von Göteborg.* – 2 *An Sonntagen fährt die Alte Straßenbahn rund um die Altstadt.* – 3 *Ein altes Kaffeehaus in Haga. In dem Viertel scheint die Zeit still zu stehen.* – 4 *Die Feskekörkan, die Fischhalle, aus dem Jahr 1874 mutet von außen fast wie eine Kirche an. Innen gibt es fangfrischen Fisch vom Feinsten.*

Die Handels- und Wirtschaftsmetropole Göteborg entwickelte sich in ihrer relativ kurzen Geschichte zu einem pulsierenden Schnittpunkt zwischen Mittel- und Nordeuropa. Auch wenn heute seine Bedeutung als Warenumschlagplatz gesunken ist, so bleibt Göteborg doch weiterhin ein wichtiger Passagierhafen. Noch vor etwa

120 Jahren begannen hier die Auswanderer ihre unwägbare Reise in die Neue Welt. Heute bringen die großen Fährschiffe alljährlich über vier Millionen Menschen in die Stadt, die »das Tor zum Westen« als Ausgangspunkt ihrer Skandinavienreise gewählt haben. In der Tat gibt es keine bequemere Art der Anreise – und es gibt keinen besseren Ort, Land und Leute kennen zu lernen.

Sommertraum aus Granit – das Bohuslän

»Wie blaugrüne Dünung drängen die Bohusberge majestätisch gegen den Meeresstrand; aber zwischen kahlen Urzeithöhen liegen fruchtbarer Boden und Bauernland, unwiderstehlich und verführerisch im Glanz der glatt geschliffenen Granitfelsen …« So beschreibt der schwedische Troubadour Evert Taube das Bohuslän.
In der Tat ist keine Landschaft Schwedens so gegensätzlich wie diese – und keine so untypisch für Schweden: Nirgendwo sonst spielt das Meer eine so beherrschende Rolle, nirgendwo sonst sind die Sommer so sonnig und warm. Einst gehörte es zu Norwegen, und an dieses Land erinnert auch die kahle Granitküste des Bohuslän. Von Göteborg nordwärts bis zum Svinesund zieht sich die felsige Küste mit ihren zahlreichen Inseln und Förden, die sich in das tiefe Blau des Skagerrak schneiden.
Die vom Fels geprägte Landschaft weist sehr deutlich auf die geologische Entwicklung der Region hin – denn auf den meisten Granitinseln konnte sich auch 10 000 Jahre nach Ende der Eiszeit noch keine Vegetation ansiedeln. Grund dafür ist der hier unablässig wehende Wind. Viel deutlicher treten in der Region allerdings die Zeugnisse der Geschichte zu Tage: Hier finden sich die ältesten Siedlungsspuren Schwedens, noch heute künden die Felszeichnungen der frühesten Bewohner davon. Warum kamen sie ausgerechnet hierher? Das an Fischen reiche Meer und das wärmere Klima hatten die Menschen wohl einst bewogen, sich an der Küste niederzulassen.
Gerade diese Mischung aus Geschichts- und Naturerlebnis macht das Bohuslän heute so reizvoll und sympathisch. Zudem versprechen die bunten Fischerdörfchen einen wundervollen Urlaub – sie empfangen den Besucher mit typisch schwedischem Charme.
Im Gegensatz zur Küste blieben die dicht bewaldeten Gebiete des Landesinneren lange unbesiedelt. Carl von Linné hatte übrigens 1747 festgestellt, dass die aus Muschelkalk bestehenden Bergrücken in Richtung der bizarren Granitküste wandern: So schnürten sie nach und nach die Meeresbucht des Vänern zu einem Binnensee vom Meer ab. Die bis zu 160 Meter mächtigen urgeschichtlichen Ablagerungen verwandelten zudem die Meerengen bei Munkedal und Uddevalla zu breiten Strömen. Von ihnen blieb der Götaälv bis heute erhalten.
Die größten der Küste des Bohuslän vorgelagerten Inseln sind Orust und Tjörn. Brücken verbinden die Inseln mit dem Festland, ansonsten muss man die Fähre nehmen. Den Mittelpunkt bildet der Ort Stenungssund, der in den 1960er-Jahren zu einem Zentrum der Petrochemie avancierte. Auf Orust und Tjörn finden sich zahlreiche historische Zeugnisse: Kirchen, Steinlabyrinthe, Grabhügel, Steinsetzungen, die wahrscheinlich aus römischer Zeit stammen, und die bereits erwähnten Fels-

1 *Tjörn an der Westküste von Bohuslän bietet eine Idylle aus roten Häuschen, weißen Booten und blitzblauem Wasser.* – 2 *Die Festung Karlsten in Marstrand westlich von Göteborg.* – 3 *Der Hafen von Fiskebäckskil.*

2

3

1

2

ritzungen. Zwischen den Granitfelsen liegen bunte, charmante Dörfer, die den Besucher zum Verweilen einladen. So wartet zum Beispiel das idyllische Fiskebäckskil am Südufer des Gullmarnfjordes mit einer Vielzahl kunterbunter Holzhäuser und verwinkelter Gassen. Im 19. Jahrhundert war das Dorf eine Hochburg des Heringsfanges, der zahllose Frachtsegler anlockte. Erst zu Beginn des 20. Jahrhunderts verwandelte es sich in einen Badeort. Heute dienen viele der renovierten Fischerhäuser als Sommerdomizile.

Die Schweden nennen die für das Bohuslän typischen Kahlen Eilande »skärgarden« – Schärengarten. In der Tat erinnern die grauen Inselchen mit ihren farbenprächtig bemalten Häusern an einen Garten. Die Schären sind gleichzeitig ein Eldorado für Wassersportler. Aus allen Teilen der Welt strömen die Segler hierher, um die günstigen Winde der Sunde und Buchten auszunutzen. Das macht natürlich die in Schweden allseits so gepriesene Einsamkeit zunichte. Dennoch findet in diesem riesigen Gebiet jeder sein Plätzchen – und sei es nur zum Ausrasten.

Eine Welt für sich sind die vielen Touristenorte an der Küste, denn sie verströmen eine ganz und gar nicht schwedische, sehr mondäne und snobistische Aura. Die meisten waren früher kleine Fischerdörfchen, doch unter dem Ansturm der Segler wuchsen sie zu stolzen Segelhäfen. Interessant ist hier stets der Kontrast zwischen den historischen, bescheidenen Gebäuden und den modernen Bauten.

Smögen – südliches Flair im hohen Norden

Ganz ähnlich entwickelten sich die meisten Häfen – nicht umsonst gilt Bohuslän als die Côte d'Azur Schwedens. Nehmen wir zum Beispiel Smögen: Seine eindrucksvolle Felsküste und die malerischen Bootshäuser im Fischerhafen locken die Touristen seit jeher scharenweise an. Im Sommer drängen sich große Segeljachten im Wasser und wahre Menschenmengen an der Mole. Jeder Besucher flaniert die einige hundert Meter lange, von Cafés und Geschäften gesäumte Promenade entlang.

Die in der Sommersonne überschäumende Lebensfreude, das strahlende Meer und die Besucher aus aller Welt brachten Smögen den Beinamen »Saint-Tropez des Nordens« ein: Es gibt sich ähnlich verspielt, naiv und versnobt wie die stolze Namensgeberin, wenn auch viel kleiner. Doch ebenso wie in Frankreich gilt hier im Sommer das Motto »sehen und gesehen werden«. Die ehemaligen Fischerhäuschen beherbergen heute Lokale und allerlei andere Läden, die Kunst, Kitsch und Mode feilbieten.

Ganz anders präsentieren sich Grundsund und Fiskebäckskil, zwei Fischerörtchen am Gullmarnsund, Schwedens einzigem echten Fjord. Wer durch die autofreien Gässchen schlendert, bemerkt sofort den schwedischen Baustil: bunte Hausfassaden, liebevoll verzierte Fenster. Hier und da flattert stolz ein blau-gelbes Fähnchen.

Ein Blick in die Urgeschichte

Die Menschen aller Epochen schufen bleibende Werke, an denen sich noch Generationen nach ihnen erfreuten. Dazu zählen auch die zahlreichen prähistorischen Zeugnisse des Nordbohuslän. So erzählen uns zum Beispiel die Felszeichnungen von Tanum von einer Zeit, die mehr als 3000 Jahre zurückliegt. Sie versetzen uns förmlich in die Bronzezeit zurück: Wir sehen einen Mann, der vor 3500 Jahren lebte, ein Liebespaar, ein Schiff mit wild tanzender Besatzung, einen Bauern vor dem Pflug, Hirsche mit gewaltigem Geweih, Pferde, die das Sonnenrad ziehen, und nicht zuletzt viele Sonnensymbole. Welchem Zweck dienten wohl diese Abbildungen. Fachleute sagen, sie sollten die

1 *Smögen ist vor allem wegen seiner bunten Fischerhäuschen bekannt.* – 2 *Die kahlen Schären sind – erdgeschichtlich betrachtet – erst vor kurzem dem Meer entstiegen, und das Land hebt sich immer noch.* – 3 *Die Hafenmole von Smögen gilt als das Monte Carlo des Nordens.*

Naturgewalten gnädig stimmen, denen die Menschen der Bronzezeit ausgeliefert waren. Andere beschwören das Handelsglück, fruchtbare Ernten oder einfach gutes Wetter. Die Künstler hatten als einziges Werkzeug einen Stift aus hartem Stein. Dennoch sind die Werke alles andere als primitiv, sondern im Gegenteil erstaunlich kreativ – so erkennen wir noch heute, welche Gefühle die dargestellten Figuren empfinden!

Der Ort Tanum beheimatet auf nur wenigen Quadratkilometern die größte Ansammlung prähistorischer Felszeichnungen in Nordeuropa. Archäologen haben hier über 1200 Ritzzeichnungen freigelegt mit mehr als 10 000 Figuren. Um den immensen kulturhistorischen Wert dieser Funde zu bewahren, wurde die Region im Jahr 1994 von der UNESCO als Weltkulturerbe ausgewiesen. Die meisten Felszeichnungen stammen aus der Bronzezeit, in der die Künstler sie in die von eiszeitlichen Gletschern glatt geschliffenen Felswände ritzten.

Das Vitlycke-Museum, das seit 1998 eine didaktisch und optisch äußerst gelungene Ausstellung zu den Steinzeichnungen und zum Leben in der Bronzezeit präsentiert, eignet sich hervorragend als Ausgangspunkt für eine lehrreiche Rundreise durch das Felsritzungsgebiet.

Am spektakulärsten ist wohl die 22 Meter lange Vitlycke-Platte gleich gegenüber dem Museum, die zahlreiche beeindruckende Zeichnungen aufweist. Neben Schiffen, Tieren, Pferden und nackten Männern zeigt dieser größte und figurenreichste Felsen Schwedens auch das berühmte Liebespaar. Erst in den letzten Jahren konnten die Forscher entschlüsseln, was die einzelnen Szenen bedeuten. Nur wenige hundert Meter davon entfernt ragt der Felsen des Aspeberget hervor. Er zeigt starke Stiere, Pferde, Enten, Reiter, Schiffe, tanzende Menschen und große vierrädrige Wagen. 500 Meter weiter bildet die Litseby-Platte neben Schiffen und Kriegern die stattliche 2,25 Meter große Figur des Speergottes ab.

Fünf Kilometer von Vitlycke entfernt zeigen die Felsen von Fossum 130 Figuren bei Jagd- und Kampfszenen.

Kanuparadies Dalsland

Viele Kanuten schwören, dass man nur im Kanu die unverfälschte Natur des Dalsland erleben kann. Sachte über einen See zu gleiten, die würzige Luft zu atmen, in den säuselnden Wind zu horchen und den Schlag des Paddels zu hören, umgeben von silbrig glänzendem Wasser, granitgesäumten Ufern und dunklen Wäldern. Wer ein solches Erlebnis sucht, muss ins Dalsland kommen. Am Fryken oder Lelangen, den großen Seen Dalslands, wird der Naturliebhaber reichlich fündig.

Diese wunderbare Wasserwelt ist ein Eldorado für Kanuten und Freizeitkapitäne und der Wechsel aus Wäldern und einsamen Wasserflächen bildet die perfekte Kulisse dazu. Der Tonschiefer im Untergrund hält den Boden feucht und macht ihn fruchtbarer, was die üppige Vegetation begünstigte. Auch die Tier- und Vogelwelt ist hier besonders reich. Die entlegenen Waldregionen, wie etwa im 1996 gegründeten Tresticklan-Nationalpark, durchstreift sogar der Luchs, der ansonsten nur noch in Nordschweden lebt. Die wenigen städtischen Zentren wie Arjäng oder Bengtsfors sind reine Versorgungsstationen der Region. Einer schwedischen Sage zufolge soll Gott bei der Schöpfung das Dalsland vergessen haben. Um den Fehler gut zu machen, stattete er es nachträglich mit einer wunderschönen Mischung aus Land und Wasser aus – ein Himmel auf Erden, ein Paradies für Wassersportler. Dalsland gilt als Geheimtipp für alle, die im Süden Schwedens einsame Wälder und

1 *Die Felsritzungen von Tanum-Vitlycke zeigen, dass das Bohuslän schon vor 5000 Jahren besiedelt war.* – 2 *Das Dalsland ist das Revier der Kanuten, hier ein Abend auf einer kleinen Insel im Lelangen.* – 3 *In der Bucht von Vammerviken starten viele Kanutouren zum Dalslandkanal.*

1

kristallklare Seen suchen. Manche Täler erinnern schon an die rauen Hochebenen des hohen Nordens. Die Lebensader der Region bildet der gleichnamige Kanal, der vom Vänersee aus die Provinz durchquert. Noch vor hundert Jahren beförderten hier die Lastkäne der Eisenhütten ihr Ladegut in Richtung Vänern. Heute befahren Kanuten und Hobbyschiffer die Wasserstraße oder erkunden das Seenlabyrinth von Lelangen, Foxen, Silen oder Stora Le. Der Kanal ist 250 Kilometer lang, dabei müssen 26 Schleusen überwunden werden. »Paradeschleuse« und Sehenswürdigkeit zugleich ist die Anlage bei Håverud. Hier musste einst die enge Schlucht zwischen Aklängen und Häljensee schiffbar gemacht werden. Zu diesem Zweck konstruierte der Kanalbauingenieur Nils Ericsson einen Aquädukt, der die 32 Meter breite Schlucht überspannt und die Schleusenkammern verbindet. Dazu kam um 1920 eine Eisenbahnbrücke und in den 1930er-Jahren eine mächtige Bogenbrücke für die Straße. So wurde die Schlucht zum technischen Kuriosum.
Liebhaber unberührter Natur müssen sich aber nicht sorgen: Dies ist eine einmalige Ausnahme, denn ansonsten prägt die wilde Natur diese Provinz.

Von Wildgänsen und einem weiten Land

Die bedeutendsten und bekanntesten Sehenswürdigkeiten des Värmlandes finden sich in Sunne. Dieser kleine Ort liegt wunderschön auf einer flachen Landzunge zwischen Övre und Mellan Fryken, zwei lang gestreckten Seen im Zentrum des Värmlandes. Sunne ist ganz auf Selma Lagerlöf eingestellt, die im nahen Mårbacka geboren wurde. Schon am Hauptplatz begrüßt die Bronzestatue der Dichterin die zahlreichen Besucher aus aller Welt. Auch das Thinghaus, das kulturhistorisch wertvolle Sammlungen zeigt, widmet sich dem Leben Lagerlöfs.
Nur acht Kilometer von Sunne entfernt erreichen wir Mårbacka, das östlich des Frykensees liegt. Dieser prächtige Landsitz inmitten der malerischen Landschaft zählt zu den meistbesuchten Sehenswürdigkeiten Schwedens. Der Hof hatte einst der Familie Selma Lagerlöfs gehört, doch sie musste ihn nach dem Tod ihres Vaters 1882 verkaufen. Mit dem Honorar für den Literaturnobelpreis, den sie 1909 erhielt, konnte die Schriftstellerin das Anwesen zurückkaufen. So verbrachte sie hier die Jahre bis zu ihrem Tod 1940.
Der noble Landsitz präsentiert sich den Besuchern heute noch immer so, wie ihn Lagerlöf einst hinterlassen hat. Das Hauptgebäude hatte Gustaf Clason zwischen 1921 und 1923 im karolinischen Gutshofstil erbaut. Die großen Bäume vor dem Haus – eine Esche, Birken und Kastanien – erinnern an Lagerlöfs Vater, der sie dort pflanzen ließ. Im Inneren empfängt uns eine ausgestopfte Wildgans, eine Reminiszenz an Nils Holgersson. Salon, Schlaf und Arbeitszimmer sind noch mit den Originalmöbeln ausgestattet. Das Esszimmer erinnert am stärksten an das alte Mårbacka, denn seine Wandschränke enthalten noch das schöne Porzellan. Hier sind auch Kohlezeichnungen der Schauplätze aus Lagerlöfs Romanen zu sehen. Hof und Garten sind zugänglich, das Herrenhaus darf aber nur im Rahmen von Führungen besichtigt werden. Selma

Lagerlöf, die als erste Frau in die Schwedische Akademie für Sprache und Wissenschaft aufgenommen wurde, fand auf dem Friedhof von Östra-Ämtervik, zehn Kilometer südwestlich von Mårbacka, die letzte Ruhe.
Selma Lagerlöf erzählte stets von jener Landschaft, die sie zeitlebens umgab – dem Värmland. Ihre Werke sind jener lite-

1 *Das technische Meisterwerk des Dalslandkanals, die Schleuse von Håverud, mit dem Aquädukt über der Schlucht und darüber der Eisenbahnbrücke.* – 2 *Im Dalsland kann man Tagestouren, aber auch wochenlange Fahrten mit dem Kanu unternehmen, ohne eine Ortschaft zu sehen.*

rarischen Strömung zuzuordnen, die gegen Ende des 19. Jahrhunderts in Schweden entstand. Sie nahm nationalromantische Themen auf, vergaß aber nie, ihren Charakteren psychologische Tiefe zu geben. Die Kulisse bildete stets das schöne Värmland. Der 1891 erschienene Roman »Gösta Berling« – ihre erste Veröffentlichung – war ihr Hauptwerk. Der nahe Mårbacka gelegene Rottnerospark mit dem gleichnamigen Herrenhaus diente ihr als Vorbild für das Schloss Eckeby des Romans. Der endgültige Durchbruch gelang Lagerlöf 1905 mit dem kleinen Däumling Nils Holgersson, der auf dem Rücken der Hausgans Martin mit den Wildgänsen quer durch Schweden flog. So lernte er das Land, seine Natur, seine Schönheit und Geschichte kennen. Für das Buch, das übrigens eine Auftragsarbeit für die schwedische Schulverwaltung war, erhielt sie im Jahr 1909 den Literaturnobelpreis.

Zwei Kilometer südlich von Sunne befindet sich die bedeutendste kulturelle Sehenswürdigkeit des Värmlandes, der Rottnerospark. Diese etwa 40 Hektar große Fläche beherbergt ein schmuckes Herrenhaus, eine sehenswerte Gartenanlage und mehr als 100 Skulpturen berühmter schwedischer Künstler. Das heutige Anwesen ging aus einem Großgrundbesitz hervor, der bereits im 13. Jahrhundert entstand. Sein heutiges Erscheinungsbild erhielt der Herrenhof um 1850. Zwar zerstörte ein Brand am 13. Dezember 1929 das Gebäude, doch der damalige Besitzer Svante Påhlsson ließ es 1932 wieder aufbauen. Dabei verwirklichte er seine Vision von einem »Park der Skulpturen« und ließ überall Kunstwerke von Christian Eriksson, Per Hasselberg, Carl Milles, Carl Eldh und anderen aufstellen.

Die südlichste Wildmark Schwedens

Das dünn besiedelte, waldreiche Värmland ist als die südlichste Wildnis des Landes bekannt. Blau schimmernde Berge, weite Wälder, zahlreiche Seen und kleine, aber feine kulturelle Sehenswürdigkeiten machen es zu einem Urlaubsland par excellence.

Daneben lohnen auch die Eisenhütten rund um Munkfors und im Südosten der Provinz einen Besuch. Die Hüttenbarone nutzten einst die riesigen Holzreserven der Region zur Energiegewinnung und verlangten die uneingeschränkten Nutzungsrechte für die Wälder. Dabei vertrieben sie allmählich die finnischen Siedler, die sich seit dem 17. Jahrhundert im Värmland niedergelassen und die Schwendewirtschaft nach Schweden gebracht hatten. Das Finnkulturzentrum in Torsby erinnert heute noch an diese Finnenkolonie. Sehenswert sind vor allem die Häuser hier: Das Haupthaus besaß anstelle eines Kamins lediglich eine zentrale Dachluke, durch die der Rauch entwich. Ferner zählten Trockenschober, Saunahäuschen und Räucherhütten zu einem Hofkomplex.

Zu einem Besuch im Värmland gehört auch die Floßfahrt am Klarälven. Der stille, friedliche Fluss entspringt an der norwegischen Grenze und durchquert die gesamte Provinz, ehe er bei Karlstad in den Vänern mündet. Er versorgte nicht nur die Eisenhütten, Papierfabriken und Kraftwerke, sondern wurde bis 1991 auch zum Flößen von Holz genutzt. Heute lassen sich Touristen auf Flößen die etwa 110 Kilometer lange Strecke von Sysslebeck bis Ekshärad treiben. Die einfachen Flöße bestehen aus zusammengebundenen Baumstämmen, luxuriösere Varianten aus vorgefertigten Pontons. Diese Gefährte sind denkbar einfach zu steuern und die Fahrt ist ein wunderbares Erlebnis.

1 *Am Klarälven, Schwedens längstem Fluss, wird heute noch Holzflößerei betrieben.* – 2 und 3 *Der Glaskogen bei Sigfridstorp ist ein Waldreservat im Värmland, das vor allem bei Kanuten und Wanderern beliebt ist.*

2

3

Eine Inlandsschäre bei Bottna – hier war vor nicht allzu langer Zeit noch die Meeresküste.

Im Herzen Schwedens

Zurecht wird Dalarna auch als »Schweden en miniature« bezeichnet, denn gerade in den Dörfern und Landschaften rund um den Siljansee lassen sich alle Vorzüge erleben, die Schweden ausmachen. Dalarna ist aber auch das Wintersportzentrum des Landes, denn jährlich findet hier der weltberühmte Wasalauf statt. Und auch die roten Holzpferdchen, das unerlässliche Souvenir für jeden Schwedenreisenden, stammen aus einem kleinen Dorf in der Nähe von Mora.

Rotes Häuschen, blauer See, grüne Wälder – so zeigt sich die typische schwedische Bilderbuchlandschaft bei Delsbo im nordwestlichen Dalarna.

Bunte Bilderbuchlandschaft

Mora – Orsa – Grönklitt – Gesundaberget – Sollerön – Rättvik – Leksand – Sundborn – Tällberg

Dalarna, was wörtlich übersetzt Täler heißt, ist eine der schönsten schwedischen Provinzen. Ihre abwechslungsreichen Landschaften locken uns mit einer wilden und unberührten Natur, zudem gibt es hier auch einige kulturelle Highlights zu entdecken. Dalarna – das Herz des schwedischen Reiches – liegt rund um den blau glitzernden Siljansee. Seine traditionsreichen Ortschaften wie Mora, Rättvik, Leksand oder Orsa verzaubern jeden Besucher. Denn ein Sommertag oder Mittsommerabend am Siljansee ist ein einmaliges Erlebnis.

Im Herzen der Nation

»Ich bin weder in Rom noch Athen gewesen, ich habe weder auf dem Capitolium noch auf der Akropolis gestanden, aber ich war in Dalarna.« So beschrieb der dänische Schriftsteller Frederik Barfod die Region, die als »Herz der Nation« gilt.

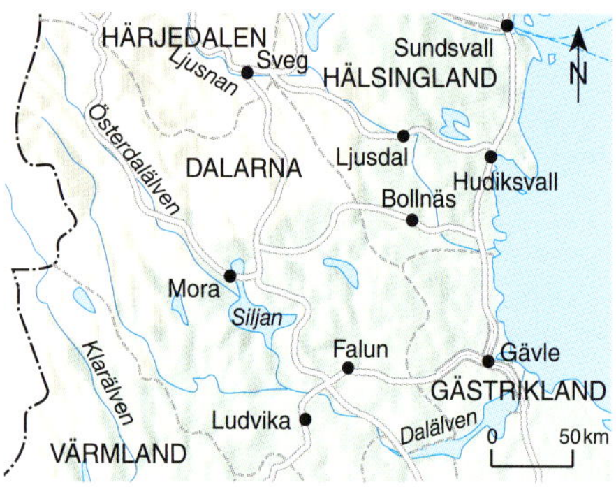

Ihre Bilderbuchlandschaft erstreckt sich zwischen den großen Strömen Öster- und Västerdalälven, rund 300 Kilometer nordwestlich von Stockholm. Fast drei Viertel Dalarnas sind von Wald bedeckt, zudem finden sich hier zahlreiche Flüsse und Seen. Industrielle Betriebe gibt es kaum, erwähnenswert ist nur Falun, wo Erz verhüttet wird. Ein weiteres Produkt Dalarnas ist in ganz Schweden und darüber hinaus bekannt: die rote Farbe, die praktisch alle Holzhütten Schwedens ziert. Wer etwas auf sein Häuschen hält, streicht es mit »Falu-röd«. Dieser rotbraune Farbstoff ist übrigens ein Abfallprodukt der Kupfergewinnung.

Den Westen Dalarnas rund um Sälen, Särna oder dem Idrefjäll prägen spektakuläre Fjäll-Landschaften. Damit gehen in Dalarna die lieblichen, sanften Landschaften des Südens in die einsamen, erhabenen, geradezu schroffen Landstriche des Nordens über. So hat der Name »Herz der Nation« durchaus seine Berechtigung, auch wenn es sich nicht um das geografische Herzstück handelt.

Das Zentrum der Provinz Dalarna ist zweifelsohne der riesige Siljansee, an dessen Ufern die wichtigsten Ortschaften liegen. Dem Volksglauben nach entstand der Siljan aus einem Meteorkrater, der sich im Lauf der Zeit mit Wasser füllte. Viele Mythen und Sagen erzählen sich die Menschen hier, darum symbolisiert der Siljansee das schwedische Brauchtum wie kaum eine andere Region. Nirgendwo sonst im Land wird das Mittsommerfest so intensiv gefeiert, nirgendwo sonst legen die Menschen einen größeren Wert darauf, die alten Traditionen lebendig zu halten.

Machen wir uns also daran, diese Gegend zu erkunden. Dazu bietet sich die »Siljanrunt« an: So heißt ein etwa 140 Kilometer langer Pfad, der im Sommer als Wander- und Radtour, im Winter als Langlaufstrecke zu erkunden ist. Er umrundet den gesamten Siljansee. Hier wandeln wir zugleich auf den Spuren der Urzeit: Dieser Ring aus Seen und Flusstälern entstand vor etwa 360 Millionen Jahren durch einen gewaltigen Meteoriteneinschlag. Der Meteor hatte sich dabei tief in das Sedimentgestein eingegraben. Die Eiszeiten der vergangenen drei Millionen Jahre gaben dem Seenring dann seine heutige Form: Die Senken wurden zu weiten Flusstälern ausgewaschen, während an den Schmelzrändern der Eismassen die Seen entstanden sind. Die geologische Entwicklung der Region ist übrigens im Naturmuseum von Siljansnäs zu sehen.

Ausgangspunkt jeder Reise durch Dalarna ist Mora. Die Stadt, die uns heute vor allem wegen des am ersten Sonntag im

1 *Am Siljansee bei Tällberg im Herzen von Dalarna.* – 2 *Idyllische Lage: das kleine Hökberg am Vasaloppsleden.*

1

2

1

2

März stattfindenen Wasalaufs bekannt ist, stand schon im Mittelalter im Brennpunkt der schwedischen Geschichte. Heute präsentiert sich Mora als moderner und lebhafter Ort, der das ganze Jahr über im Zeichen des Skisports und des Wasalaufs steht. Auf die internationale kulturelle Bühne brachte Mora der Maler Anders Zorn, der schon zu Lebzeiten internationales Ansehen erlangte. Das 1939 eröffnete Museum der Stadt präsentiert die kraftvollen Landschaftsbilder des Malers und seine Kunstsammlung. Ein Rundgang durch den angrenzenden Zornsgård, den idyllischen Garten mit Zorns Atelier, zeigt uns das Umfeld des Künstlers, aus dem er seine kreative Kraft schöpfte.
Etwa 20 Kilometer nördlich erreichen wir Orsa am Orsasjön. Hier trifft die liebliche Landschaft Dalarnas auf die waldreiche Orsa-Finnmark, die nordwärts bis Sveg reicht. Die typischen Elemente Dalarnas in Brauchtum und Baustil verschwinden hier allmählich. Orsas Trachten gehören ebenso wie sein Dialekt zu den ältesten in Schweden, nicht aber seine Bauten: 1901 hatte ein großer Brand fast das gesamte Dorf zerstört. Nur die Pfarrkirche aus dem 13. Jahrhundert, die später mehrfach umgebaut wurde, blieb teilweise erhalten. So sind hier noch heute die Gewölbemalereien und der Taufstein aus dem 16. Jahrhundert zu bewundern. Die Hauptattraktion der Gegend befindet sich auf dem zwölf Kilometer entfernten Hochplateau von Grönklitt. Hier, im Reich der Bären, entstand Europas größter Bärenpark. Dieser weitläufige, 90 000 Quadratmeter große Landschaftszoo beheimatet neben Braunbären noch Wolf, Rotfuchs, Elch, zwei Eisbären und sogar den seltenen Schneeleoparden.
Ein Besuch Grönklitts lohnt sich zu jeder Jahreszeit. Während man im Sommer auf zahlreichen Wanderwegen die Wildnis erkunden oder die Almen Fryksås oder Hällberg Fäbod besuchen kann, finden im Winter Langläufer und Skifahrer hier ein Eldorado. Fryksås ist eines der zahlreichen berühmten Almendörfer Dalarnas. Zahlreiche alte Holzhütten sprenkeln die satten Wiesen und bieten traumhafte Aussichten auf den Orsasjön und den Siljansee. Bei klarem Wetter reicht der Blick gar bis zum 60 Kilometer entfernten Gesundaberget. Viele dieser alten Katen wurden übrigens zu gemütlichen Ferienhütten ausgebaut.
Weiter geht es auf der Siljanrunt. Ein Abstecher zur westlich von Mora gelegenen Insel Sollerön ist unbedingt zu empfehlen. Das Eiland ist der sonnigste Ort Dalarnas. Hier bauen die Menschen die langen Kirchboote – die Nachfolger der Wikingerschiffe. An Fest- und Feiertagen und an Sonntagen im Sommer fahren die in Trachten gekleideten Bewohner mit diesen über den Siljansee zu den Kirchen.

Rättvik, das am östlichen Seeufer inmitten der Wälder liegt, ist das kulturelle Zentrum Dalarnas. Das ganze Jahr über kann der Reisende auf verschiedenen Veranstaltungen die einheimischen Trachten, Volkstänze und das Kunsthandwerk kennenlernen. So sollte er zum Beispiel das Heimatmuseum Gammelgården besuchen, das zahlreiche Häuser, Innenräume und Dala-Malereien zeigt.
Zur Mittsommerzeit wird hier vor den Augen zahlreicher Besucher der Maibaum aufgestellt. Zwischen Mittsommer und Ende Juli findet zudem das Volksmusikfestival »Musik vid Siljan« statt, an dem zahlreiche folkloristische Musik- und Tanzgruppen teilnehmen. Die meisten Vorstellungen gibt es im Parken, dem Freiluft-Veranstaltungsgelände.
Das Wahrzeichen Rättviks ist aber die Kirche, die auf einer Halbinsel etwas außerhalb des Orts steht. Errichtet wurde sie ursprünglich im 13. Jahrhundert, der

1 *Der Orsasjön nördlich von Mora ist im Sommer ein beliebter Badestrand.* – 2 *Fryksås ist ein altes Almdorf hoch über dem Orsasjön, heute sind die Almen Sommerhäuschen.* – 3 *In Grönklitt hat man den Bärenpark eingerichtet, der neben verschiedenen Braunbärarten auch Eisbären zeigt.*

1

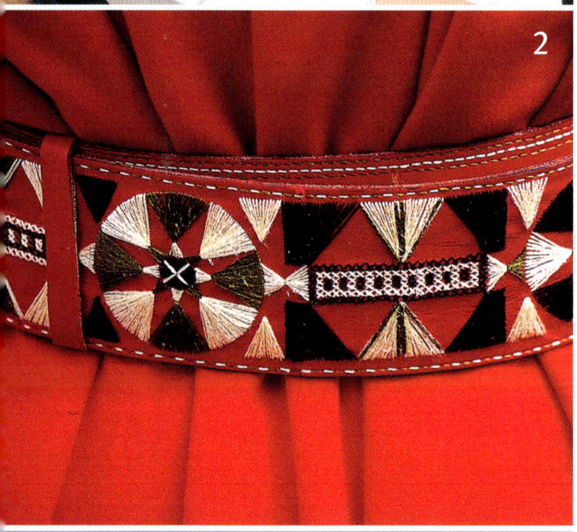

2

3

charakteristische weiße Turm geht allerdings auf das 16. Jahrhundert zurück. Im Inneren finden sich sehenswerte Holzskulpturen, etwa die des heiligen Stephanus, und das vier Meter hohe Triumphkruzifix. Beide stammen aus dem 14. Jahrhundert. Die im Renaissancestil erbaute Kanzel schmücken reiche Ornamente. Ebenso wie das Taufbecken wurde sie im 16. Jahrhundert errichtet.
Heute finden in der Kirche oft Konzerte statt. In der Vergangenheit spielte sie eine bedeutende Rolle, denn hier bat Gustav Wasa 1520 die Männer Rättviks in einer flammenden Rede um Unterstützung. Danach floh er vor den Dänen Richtung Norwegen. An dieses Ereignis erinnert das 1893 errichtete Wasa-Denkmal südlich der Kirche.
Entlang des Seeufers und vor der Kirche finden sich zudem 87 Kirchställe (kyrkstallar), die teilweise aus dem 17. Jahrhundert stammen. Sie dienten früher tatsächlich zum Einstellen der Pferde. Doch da das Ufer rund um den See damals sehr unwegsam war, kamen die meisten Kirchgänger mit ihren schmalen Kirchbooten zur Sonntagsmesse. Diese Tradition pflegen die Einheimischen heute noch, vor allem zur Mittsommerzeit. Dabei tragen sie ihre traditionellen schwarz-weißen Trachten – sie bieten ein malerisches Bild, wenn sie singend von der Enåbrücke zur Kirche rudern.
Ein zweites Zentrum am See ist die südöstlich gelegene Stadt Leksand. Dieser lebhafte Touristenort erstreckt sich malerisch zwischen der Mündung des Österdalälven und dem Insjön. Im Sommer finden hier zahlreiche kulturelle Ereignisse statt. Sehenswert ist zudem das Freilichtmuseum – das älteste Dalarnas –, das einige aus dem Mittelalter stammende Holzbauten zeigt. Auch die Kirche aus dem 13. Jahrhundert, erbaut in der typischen Vierkantform mit zentralem Turm, lohnt einen Besuch. Im Sommer findet hier das Himlaspelet statt, ein traditionelles Mysterienspiel.

Das Mittsommerfest

Für die Bewohner eines Landes, das so weit in den Norden reicht und das einen langen, dunklen und strengen Winter erlebt, spielt der Sommer naturgemäß eine ganz besondere Rolle. Der Sommer bringt Wärme und Licht, nun können die Menschen das Leben im Freien genießen. Keine Jahreszeit inspiriert die nordischen Dichter stärker, denn die Sonne und die blühende Landschaft bilden eine perfekte Kulisse. Die gesamte Nation richtet sich auf den Sommer ein: Die Schweden pilgern in die Wälder und an die Seen, die zahlreichen Sommerhäuschen füllen sich für einige Wochen mit Leben. Die Städte wirken wie leergefegt, sie bleiben nun den Touristen vorbehalten: Ein echter Schwede verbringt den Juli in seiner Hütte oder auf seinem Boot. Es ist nicht übertrieben zu sagen, dass die Schweden für den Sommer leben. Sie rechnen nicht in Jahren oder gar Wintern, denn es zählen nur die Sommer.

1 *Das Mittsommerfest ist in Schweden wichtiger als Weihnachten, vor allem in Dalarna.* 2 *Die Trachten werden kunstvoll von Hand genäht.* – 3 *Alles hat traditionelle Bedeutung, etwa die Blumenkränze der Mädchen.* – 4 *Tällberg nahe Rättvik ist ein typisches Dalarna-Dorf.* – 5 *Die Brücke von Rättvik reicht hunderte Meter weit in den See.*

4

5

1

So feiern die Schweden am Samstag zwischen dem 20. und 26. Juni ein Volksfest der besonderen Art – das Mittsommerfest. Damit ehren sie den ersten Sommertag, der ja auch der längste des Jahres ist. Die Mittsommernacht ist die kürzeste und hellste im Jahreslauf, daher symbolisiert sie drei Dinge: das Licht, das die Nacht überdauert, die Pflanzen, die aus der Erde sprießen, und das Leben, das der Sommer hervorbringt.

Diese Feiern halten zugleich zahlreiche Bräuche lebendig, so zum Beispiel das Aufstellen des Maibaums, der hier »majstang« heißt. Dieser Brauch geht auf die Hansezeit zurück, in der viele deutsche Kaufleute nach Schweden kamen. In Mitteleuropa reichen die Wurzeln des Maibaumfeierns bis in die Römerzeit zurück. Doch anders als in Deutschland oder Österreich stellt man den Baum in Schweden nicht am 1. Mai, sondern zum Mittsommerfest auf. Der Grund dafür liegt auf der Hand: Im kühlen Norden tragen die Bäume am 1. Mai noch nicht genug Laub, und die Blumen sind noch nicht erblüht – so kann man den Maibaum noch nicht schmücken. Also warteten die Schweden die wärmere Jahreszeit ab und machten den Maibaum zum Mittsommerbaum. Der Name hat übrigens gar nichts mit unserem Wonnemonat zu tun: »Majen« heißt auf Schwedisch, etwas mit grünen Zweigen und Laub zu schmücken. Anfangs feierten nur die Stadtmenschen den Mittsommer, doch bald übernahm man das Fest im ganzen Land, zunächst auf den Gutshöfen und Schlössern, später auch in den Dörfern. Hier war es zunächst nur eine Veranstaltung der Dienstboten.

Untrennbar mit dem Fest verbunden war und ist der Blumenkranz, den die unverheirateten Mädchen tragen. Dazu pflücken sie verschiedene Blumen und flechten sie kunstvoll zu einem Kranz. In der Nacht nach dem Fest legen sie den Kranz unter das Kopfkissen: Im Traum erfahren sie so der Überlieferung nach, welchen Mann das Schicksal für sie bestimmt hat. Auch der Tau dieser Nacht soll wundersame Kraft haben.

Heute ist das Mittsommerfest im Siljangebiet vor allem auch eine Veranstaltung für schwedische Touristen: Aus allen Landesteilen kommen sie hierher, um die ausgelassene Stimmung und das traditionelle Feiern mitzuerleben. Am Nachmittag beginnt das Fest mit dem Schmücken des Baumes. Fleißige Hände binden Wiesenblumen und frische Birkenzweige zu Kränzen, Ringen und Kugeln. Haus und Hof, Kirchen, Tanzböden und Versammlungssäle erhalten einen Schmuck aus Birkenzweigen. Kräftige Männer hieven dann den Maibaum unter lautstarken »Höj«-Rufen in die Höhe.

Steht der Baum, führen die Mitwirkenden Reigentänze und Tanzspiele auf, bis sich schließlich die versammelte Schar in das fröhliche Treiben einreiht. Ebenso traditionell wird der Mittsommertisch gedeckt: Es gibt süß-sauren Hering, Berge von »köttbullar«, den pikant gebratenen Fleischbällchen, Butter, Knäckebrot, Lauch, Räucherfisch und Kartoffeln. Dazu trinken die Festgäste Leichtbier, Aquavit und Kaffee. Als Nachtisch folgen frische Erdbeeren mit Eis und Sahne. Den Abschluss bildet der Mittsommergottesdienst, der entweder um Mitternacht oder auch erst am folgenden Morgen gefeiert wird.

Jede Ortschaft und jede Region hat ihren eigenen Ort, an dem traditionell das Mittsommerfest veranstaltet wird. Die meisten Stockholmer zum Beispiel fahren in den Schärengarten oder treffen sich im Freilichtmuseum von Skansen (Djurgården), während die Uppländer zu den alten

2

1 *Die große Steinkirche von Mora hat einen hölzernen Kirchturm, er steht 500 Meter von der Ziellinie des berühmten Wasalaufs entfernt.* – 2 *Der Künstler Carl Larsson war ein bedeutender Vertreter der schwedischen Nationalromantik, hier sein Arbeitszimmer im Museum von Mora.*

Eisenhütten pilgern. Der Mittsommer ist selbst aus Lappland nicht mehr wegzudenken. In den Kirchdörfern (zum Beispiel in Fatmomakke am Kultsjön) feiern die Samen alljährlich ein ausgelassenes Mittsommerfest. Danach ziehen sie für den ganzen Sommer in die Berge.

Maler des Lichts: Anders Zorn und Carl Larsson

Kann es Zufall sein, dass die beiden bekanntesten Maler Schwedens aus Dalarna stammen? Carl Larsson wurde zwar in der Altstadt von Stockholm geboren, fand aber in Sundborn, 15 Kilometer nördlich

von Falun, seine Heimat. Und Anders Zorn lebte in Mora am Siljansee. Beide malten vornehmlich ländliche Motive. Aber auch Menschenporträts in Aquarelltechnik gehörten zu ihrem Repertoire, vor allem dem Carl Larssons. Er brachte zudem viele Szenen aus der idyllischen Umgebung seines Wohnortes auf die Leinwand. Noch heute sind in Sundborn sein Wohnhaus und Atelier zu besichtigen: Lieblich, fast kitschig liegt es am Seeufer inmitten eines prächtigen Gartens. Der Blick auf die Landschaft ist geradezu grandios. Larssons Haus zeugt davon, wie wichtig dem Künstler Farbe und Detailtreue waren. Jeder Winkel im Inneren erinnert an die Kunst, sei es in Form von Bildern oder Memorabilia. Wer sich für das künstlerische Vermächtnis Carl Larssons interessiert, sollte das Museum unbedingt besuchen.

Ebenso wie Anders Zorn konnte Larsson schon zu Lebzeiten von seiner Arbeit leben. Er war als Auftragsmaler tätig, für die Familie Fürstenberg in Göteborg ebenso wie für das Nationalmuseum, dessen Wände er mit Fresken schmückte. Die Plafondmalerei des Opernfoyers und des Nationaltheaters stammen ebenfalls von ihm. Diese Kunstwerke machen deutlich, wie kennzeichnend das Lichtspiel für Larssons Stil ist.

Das Licht und die Art, es bildlich festzuhalten, prägt auch das Schaffen von Anders Zorn, der zur selben Zeit in Mora tätig war. Er befasste sich vor allem mit Reflexionen, mit Lichteffekten auf Wasserflächen, nackter Haut und weißen Stoffen. Weltbekannt wurde er aber durch seine Porträts: Für ihn saßen das schwedische Königspaar ebenso wie die amerikanischen Präsidenten Grover Cleveland und William Taft vor der Leinwand, außerdem Auguste Rodin und August Strindberg. Zu seinen berühmtesten Werken gehören »Mittsommertanz« und »Unser tägliches Brot«. Beide Gemälde sind im Nationalmuseum von Stockholm zu bewundern.

Romanze in Rot

Über eine Nebenstraße, die malerisch am Siljansee entlangführt, erreichen wir Tällberg. Dieses »Musterdorf« Dalarnas liegt zwischen Leksand und Rättvik. Hier zeigt es sich überdeutlich, wie verspielt die Landschaft mit ihren roten Holzhäuschen und gepflegten Gärten wirkt. Dazu strahlt der Siljansee in fast unwirklichem Blau. Der herrliche Blick über den See reicht bei klarem Wetter bis in das 50 Kilometer entfernte Gesundaberg. Hier erscheint uns Dalarna ein wenig zu perfekt – aber es bleibt stets liebenswert. Tällberg, das ist Dalarna – während eines Sommerspazierganges erleben wir hier mehr schwedische Eigenart und Tradition, Lebensfreude und Naturverbundenheit als während einer langen Reise entlang der breiten Durchgangsstraßen.

Mittsommer ist hier ein ganz besonderer Feiertag, daher ragen überall die geschmückten Maibäume in den Himmel. Tällberg erfreut sich in den letzten Jahren nicht nur bei den Touristen steigender Be-

1 *Im Klockargården, einem Hoteldorf in Tällberg, gibt es ein kleines Freilichtmuseum mit einem alten Krämerladen.* – 2 *Im Frühjahr blühen in Tällberg zahllose Apfelbäume zwischen den verstreut in den Wiesen stehenden roten Hölzhäuschen* . – 3 *Das »Tällbergsgården« ist eines der gehobenen Hotels in Tällberg.*

2

3

1

liebtheit, sondern auch bei den Künstlern. Sie richteten sich hier Ateliers ein und bieten ihre Kunstwerke den zahlreichen Besuchern an.
Wer mehr über das in Dalarna heimische Handwerk lernen will, der sollte das Hotel Klockargården besuchen. Hier gibt es ein Freilichtmuseum, einen Andenkenladen und ein nettes Kaffeehaus. Im Sommer zeigen Handwerker im Garten die Kunst des Stickens, des Töpferns und der Kupferverarbeitung.

Dala-Häst – ein berühmtes Holzpferd

Rund um den Siljansee ist das Dala-Pferdchen zu Hause: Ein rotes Holzpferd, das so klein wie eine Streichholzschachtel oder so groß wie sein lebender Bruder sein kann. Es symbolisiert die Heimindustrie, die »Hemsjöld«, einer Region, die für ihr Kunsthandwerk aus Holz und Keramik bekannt ist. Das Dala-Pferdchen, handgeschnitzt, rot bemalt, ist Dalarnas Souvenirartikel Nummer eins. Es wird nur in Nysnäs nahe Mora gefertigt.
Etwa seit der Mitte des 19. Jahrhunderts schnitzen die Menschen hier an den langen Winterabenden Pferde und bemalen die Figuren rot mit gelben Ornamenten. Im Jahr 1912 wurde das Dalarna-Pferd als »Gast« der Weltausstellung in New York weltberühmt. Heute exportiert Dalarna alljährlich Millionen Holzpferde jeder Größe in aller Herren Länder. Doch auch in vielen Häusern der Region stehen die Figuren und zeugen davon, wie heimatverbunden und traditionsbewusst die Menschen hier sind.

Rennen für den König – der Wasalauf

Gustav Wasa kam im Jahre 1520 nach Dalarna, um Soldaten für den Kampf gegen die Dänen zu rekrutieren. Dabei hielt er in der Kirche von Rättvik eine flammende Rede für seine Sache. Doch die Männer Dalarnas wollten vom Krieg nichts wissen – sie hörten sich seine Rede an, folgten ihm aber nicht. In der Folge floh Gustav Wasa in Richtung Norwegen. Als bekannt wurde, dass sich auch die Stockholmer gegen die Dänen auflehnen wollten, schickte man von Mora aus zwei der besten Läufer zu Gustav. Sie holten ihn bei Sälen ein und überzeugten ihn, zurückzukehren. Damit begann der Aufstand gegen die Dänen, Gustav kehrte zurück – und er kam, sah und siegte. Er schlug die Dänen vernichtend und bestieg 1523 den schwedischen Thron. Er wurde der erfolgreichste und beliebteste König, den Schweden je gehabt hatte. An den historischen Lauf der beiden Boten erinnert noch heute das berühmteste Langlaufrennen Schwedens – der Wasalauf.

Der erste Wasalauf fand am 19. März 1922 unter dem Motto »Auf der Spur der Vorfahren für künftige Siege« statt. Mittlerweile nehmen alljährlich über 20 000 Profi- und Hobbysportler an diesem Langlaufrennen teil. Die 90 Kilometer lange Strecke führt durch die unberührten Wälder und Fjälls von Sälen nach Mora. Berühmtester Teilnehmer ist Nils Karlsson aus Mora, der den Lauf neunmal gewann.
Heute zieren Sportler aus aller Welt die Siegerliste. Unter dem olympischen Gedanken »Dabei sein ist alles« kommen alljährlich am ersten Märzsonntag Langläufer nach Mora, um auf den Spuren Gustav Wasas zu wandeln. Die Teilnehmer erhalten während des Rennens an den Verpflegungsstellen die legendäre Blaubeersuppe. Dies und anderes Wissenswertes rund um den Lauf vermittelt das Wasalaufmuseum, das gleich neben der Ziellinie steht.

1 *Die roten Holzpferde werden in Nysnäs nahe Mora von Hand von zwei Handwerksfamilien hergestellt und als Souvenir und Botschafter Schwedens in die ganze Welt exportiert.* – 2 *Jeder Teilnehmer des Wasalaufs passiert auf den letzten Metern vor dem Ziel in Mora die Wasalopp-Statue.*

1

2

3

1 und 2 *Die Erzgrube in Falun riss ein gigantisches Loch in die Erde unmittelbar bei der Stadt.* – 3 *Die Reichs-Skisprunganlage ist jedes Jahr Schauplatz von Weltcupbewerben und regelmäßig Austragungsort der Nordischen Skiweltmeisterschaften.* – 4 *Falu-röd gilt als die dritte Nationalfarbe und wird zum Streichen der Holzhäuser verwendet.* – 5 *Im Kupferbergbau-Museum in Falun erfährt man alles rund um die Bedeutung dieses Industriezweigs für die Stadt und die Region.*

4

5

Wege in den Norden

Das Fjäll erstrahlt im Glanz der Sommersonne. Die einzigen Zeichen menschlicher Zivilisation zeigen sich entlang der Pfade, die hinauf in die Berge führen. Der Ruf des Blaukehlchens durchdringt den Birkenwald. Ansonsten herrscht Stille. Nur der Wind rauscht leise durch die Weidenröschen oder durch die vom Herbstfrost gelb und braun gefärbten Birken. Ab und zu zieht eine Rentierherde vorbei oder ein Eisfuchs durchstreift die einsame Fjäll-Landschaft. Wer den Norden in seiner vollen Pracht und majestätischen Größe erleben will, der muss sich die Wanderschuhe anziehen und mit dem Rucksack in die Wildnis aufbrechen. Die Wege in den Norden sind uneben, steinig, aber unglaublich schön.

Die Wege in den Norden, bis hinauf nach Lappland, werden im Sommer oft vom Weideröschen begleitet, das die Straßen und Wegränder mit seinem flammenden Rot quasi erleuchtet.

Von hier an wird es menschenleer

Östersund – Storsjön – Åre – Vålådalen – Fatmomakke – Tärnaby – Hemavan – Sundsvall

Im Norden weichen die Wälder Dalarnas unvermittelt den bergigen Provinzen Härjedalen und Jämtland. Hier ist bereits der raue Atem Lapplands zu spüren. Härjedalen ist die am dünnsten besiedelte Provinz Schwedens – statistisch betrachtet lebt hier nur ein Mensch je Quadratkilometer. Das Land ist durchzogen von einsamen Flusstälern, bedeckt von endlosen Nadel- und Birkenwäldern und großartigen Fjälls. Jämtland bildet bereits den Übergang zu Lappland. Seine Landschaft ist geprägt von schäumenden Wasserfällen, tiefen Canyons und weiten Hochfjälls. Im Sommer erblühen hier die bunten Bergblumen.

Jämtland und Härjedalen

Härjedalen und Jämtland schließen sich nördlich an Dalarna an. Hier liegt eine spürbare Stille über dem Land, es gibt fast nur noch einsame Fjälls und Wälder. Die kleinen Siedlungen wie Sveg, Härjedalens Hauptort, oder Östersund, das Handelszentrum Jämtlands, wirken wie dazwischengestreut. Außerhalb der wenigen Orte erstrecken sich endlos scheinende Nadel- und Birkenwälder und die ersten Fjäll-Landschaften, etwa das Fulufjäll, das Helagsfjäll oder die Hochebenen rund um Vålådalen. Hin und wieder erreichen wir aber noch liebliche Hochtäler wie Vemdalen oder Klövsjö, wo Wiesen, Felder und kleine Bauerndörfer warten. Ausgrabungen und prähistorische Funde in der Region zeigen, dass Klövsjö schon vor 8000 Jahren bewohnt war. Der romantische Ort auf den sonnenreichen Wiesenterrassen oberhalb des Klövsjön hält den Titel »Schönstes Dorf Schwedens«.
Ein typischer Nordlandhof aus dem 16. Jahrhundert beherbergt heute das sehenswerte Heimatmuseum Tomtangården. Bis 1963 war er noch bewohnt. Der Forscher Carl von Linné, der Härjedalen als Erster erkundete, bezeichnete die Fjällgebiete als »Jungbrunnen für die Seele«. Und das ist verständlich: Blühende Orchideenwiesen, Herden von Moschusochsen, unberührte Wälder, bizarre Eiszeitformationen, Relikte aus der Eisenzeit und Höhlenmalereien machen die Fjälls zu einem faszinierenden Landstrich.
Die Geschichte der Provinz lässt sich am besten im Fjällmuseum in Funäsdalen studieren, das eine einzigartige Sammlung zeigt und sich zudem mit dem Leben der Samen befasst. Ein besonderes Naturerlebnis verspricht uns der 1910 eingerichtete Sånfjället-Nationalpark nahe Hedviken mit seiner bizarre Landschaft aus mit Geröll übersäten Bergkuppen. Neben Luchs, Vielfraß, Biber und Fischotter lebt hier eine größere Braunbärenpopulation.
Die Geschichte Jämtlands verlief dagegen überaus wechselvoll: Es gehörte bis in das 11. Jahrhundert zu Norwegen und erlebte in den folgenden Jahrhunderten ständig wechselnde Herrscher aus Schweden und Norwegen. Die reichen Vorkommen an Fisch und Wild machten die Provinz überaus beliebt, woraus sich bald ein reger Handel entwickelte.

1 *Die lappländischen Fjälls werden von unberührten Flusstälern durchschnitten und die Grenze des Birkenwaldes liegt beinahe im Talbereich.* – 2 *Die großen Flüsse bilden immer wieder kunstvolle Kaskaden aus, wenn sie horizontal liegende Gesteinsplatten überfließen.*

1

2

1

2

Die 4000 Jahre alten Felszeichnungen von Ruänden zeugen von einer Besiedlung schon in der Steinzeit. Ausgedehnte Wälder, karge Fjälls, Sümpfe und Gipfel prägen diese arktisch anmutende Landschaft.

Leben in der Wildnis

Erreicht der Nordlandfahrer Östersund, meint er, er wäre schon fast in Lappland. Doch das täuscht: Östersund markiert Schwedens geografische Mitte – von den lieblichen Landschaften Skånes ist man hier ebenso weit entfernt wie vom Torneträsk im hohen Norden. Dennoch gilt Östersund als das Tor zu Lappland: Je weiter man von hier aus in den Norden kommt, desto spärlicher wird die Besiedlung. Der Ort ist zudem die wirtschaftliche Drehscheibe im nördlicheren Schweden. 1786 hatte Gustav III. die Stadt als Verkehrsknotenpunkt gegründet, und das ist sie bis heute, denn hier zweigen die Straßen nach Kiruna im Norden und in das norwegische Trondheim im Westen ab.
Mit dem Bau der Eisenbahn im 19. Jahrhundert blühte Östersund auf. Seine verhältnismäßig warmen Sommer lockten Künstler, Gaukler und Akrobaten in die Stadt, welche die neuen Cafés und Wirtshäuser mit fröhlichem Treiben erfüllten. An diese Zeit erinnert alljährlich im Juli das sehenswerte Storsjöyran, das Fest der Straßenmusikanten. Zudem lohnt die Innenstadt mit ihrem Holztheater von 1884, dem ehemaligen Guttemplerhaus und dem mächtigen Rathaus von 1912 einen Besuch. Die von teils 100-jährigen Bürgerhäusern gesäumte Fußgängerzone lädt zum Flanieren und Shoppen ein. Großstadtflair ist hier nicht zu spüren, und man kann sich des Eindrucks nicht erwehren, hier solle alles vor allem nützlich sein. Wir füllen noch einmal die Vorräte auf und treten die lange Fahrt in den Norden an.
Bald erreichen wir das Freilichtmuseum Jämtli, das die Geschichte Jämtlands von den Anfängen bis zum heutigen Leben der Samen präsentiert. Zudem widmet es sich dem schwedischen Alltagsleben der verschiedenen Epochen. Neben dem Haupthaus, das aufwändige Dioramen und Multivisionsschauen zeigt, sind auf dem Freigelände 60 historische Häuser und Höfe zu bewundern. Im Sommer beleben Menschen in Originaltrachten die Szenerie, sie backen Brot und Kekse, veranstalten Spiele für Kinder oder laden zu Kutschfahrten durch das Dorf.
Die Insel Frösön im Storsjönsee ist Sonnengarten und Kornkammer der Region um Östersund. Nur ein schmaler Wasserstreifen trennt die Insel vom Festland. Hier siedelten sich bereits in der Bronzezeit die ersten Menschen an. Sie nannten das fruchtbare Eiland nach Fröja, dem germanischen Gott der Fruchtbarkeit, und errichteten bald einen Thingplatz. Lange vor der Gründung Östersunds spielte Fröja dank seines milden Klimas eine bedeutende Rolle: Wir finden hier Schwedens ältesten Runenstein, der von der christlichen Missionierung um 1050 berichtet, zudem fand man unter der Kirche von Frösön bei Grabungsarbeiten

1 *Östersund ist die letzte große Stadt auf dem Weg in den Norden.* – 2 *Der Ristafallet, eine der spektakulärsten Stromschnellen im Jämtland.* – 3 und 5 *Im Freilichtmuseum Jamtli treten im Sommer Laienschauspieler in traditioneller Kleidung vor ebensolcher Kulisse auf.* – 4 *Das Touristenbüro von Östersund informiert über die Region.*

Knochen von Bär, Wildschwein, Ziege und Hirsch. Sie stammten offensichtlich von heidnischen Opfergaben. Am Öneberg finden sich Ruinen der Mjälleburg (um 400) und eisenzeitliche Gräber.
Den schönsten Blick auf Östersund und seine Umgebung genießt man vom Aussichtsturm Frösötornet, der den höchsten Punkt des Östbergs ziert (486 m über

1

Meeresspiegel). Bei gutem Wetter sieht man von hier bis zum Åreskutan und zum norwegischen Grenzgebirge.

Das Storsjön-Ungeheuer

Im Storsjönsee haust der Sage nach ein Ungeheuer, das Nessie gleicht. Wie sein schottischer Artgenosse wird es von Zeit zu Zeit gesichtet. Besonders in der Dunkelheit und bei Nebel, so heißt es, tauche das »Storsjödjuret« auf – also dann, wenn es am schwersten auszumachen ist. Als Erster erblickte der Pfarrer Mogens Pedersen aus Herdal das Untier, wie er 1635 schrieb. Das Fabeltier ist mittlerweile eine veritable Touristenattraktion, das man von mehreren Beobachtungsposten am Ufer suchen kann. Einer davon befindet sich am Hoverberg an der Südspitze des Storsjön. Hier kann man einen Aussichtsturm erklimmen, um den sich ein hölzernes Storsjödjuret windet. Im Jämtli ist übrigens eine (nicht ganz ernst gemeinte) Dokumentation samt Eiern und einem Embryo des Storsjön-Ungeheuers zu bewundern …

Åre, das Skisportmekka

Åre, der bekannteste und größte Wintersportort Jämtlands, liegt unmittelbar an der E 14, die Östersund und Trondheim verbindet. Die eindrucksvolle Landschaft mit ihren traumhaften Fjälls und den waldreichen Tälern ist mit Ausnahme des Tals, das vom Storsjön westwärts bis zur norwegischen Grenze reicht, praktisch unbewohnt.
Im mondänen Skiort Åre holt einen die Zivilisation wieder ein, hier reihen sich moderne Nobelhotels und Hüttendörfer aneinander. Bereits 1906 erschloss die erste Seilbahn den höchsten Berg Jämtlands, den Åreskutan (1420 m). Im Sommer führen mehrere Wanderrouten auf den Berg, bei klarem Wetter bietet sich ein fantastischer Rundblick auf die umgebenden Fjälls und den Kallsjön. Seit 1979 bringt zudem eine moderne Großraum-Kabinenbahn die Besucher zur Bergstation auf 1274 Meter Seehöhe. Neben fast jährlich stattfindenden Weltcup-Rennen wurden 2007 die Alpinen Skiweltmeisterschaften ausgetragen.
Nicht nur der Berg, auch die Ortschaft lohnt einen Besuch. Die »gamla kyrka«, das turmlose romanische Steinkirchlein von Åre, lag einst am Olavs-Pilgerweg, der durch das Tal nach Trondheim führte. Sie birgt eine mittelalterliche Olavsstatue, deren Krone vor langer Zeit verloren ging; im 18. Jahrhundert setzte man ihr kurioserweise einen Karolinerhut auf. Nur wenige Kilometer westlich der Kirche führt eine Seitenstraße zum 60 Meter breiten und 32 Meter hohen Wasserfall Tännfossen.
An der Grenze zu Norwegen erreichen wir Storlien. Das Fjälldorf lockt mit einer herrlichen Landschaft, die das ganze Jahr unvergessliche Naturerlebnisse bietet, nicht zuletzt die schwedische Königsfamilie an, die hier alljährlich ihren Skiurlaub verbringt. Der »Blomsterstigen«, der königliche Blumenweg, führt von der Königshütte über die Skurdalshöjden mitten ins Fjäll. Auch der kleine Ort Handöl, etwa 10 Kilometer östlich von Storlien, lohnt einen Abstecher. Nachdem wir den sehenswerten Wasserfall besucht haben, machen wir uns daran, die Geschichte der Karolinertruppe des Königs Karl XII. zu erkunden. Sie steht für eines der

1 *Trotz der geografischen Breite, die schon Nähe zum Norden vermittelt, erlebt man rund um den Storsjön bei Östersund liebliche Kulturlandschaften wie auf Frösön.* – 2 *Vor dem Storsjön tauchen die ersten Fjälls von Härjedalen auf.* – 3 *Vom Åreskutan genießt man einen traumhaften Blick auf die Fjäll- und Gebirgswelt von Jämtland.*

2

3

1

2

schlimmsten Debakel, das Schweden je erlebte: 1719, zur Zeit der großen Nordischen Kriege, erfroren in heftigen Schneestürmen 3750 Soldaten und 7000 Pferde – die Knochen fand man noch Jahrzehnte später im ganzen Fjäll. 2000 Überlebende konnten sich nach Handöl retten, doch die Hälfte verhungerte dort.
Südlich von Åre gelangen wir zum atemberaubend schönen Fjäll von Vålådalen, das weniger harsch anmutet als die Fjälls rund um Handöl. Weitläufige Moore und Birkenwälder bedecken das Tal, erst später folgen die baumfreien Fjälls. Seit 1924 gibt es eine Touristenstation, die Wanderern, Langläufern und Skifahrern Unterkunft bietet. Ein Leckerbissen ist das naturkundliche Museum »Vålådalens Naturum«, das eindrucksvoll die Tier- und Pflanzenwelt der Berge vorstellt. Im »Erlebnisraum« genießen wir inmitten einer nachgebildeten Landschaft die Stimmen und Stimmungen der Natur.
Von Vålådalen führen Wanderrouten nach Sylarna und zum Helagsfjäll, wir können aber auch Tagestouren zu dem imposanten Felsmonolith Kyrkstenen oder zum einsamen Blanktjärnsee machen.

Vildmarksvägen und Vindelfjäll

Eine der schönsten Routen Schwedens führt von Strömsund an der E 4 durch die atemberaubende Landschaft nach Westen. Hier spüren wir bereits Lappland, nicht nur, weil die Straße, der Vildmarksvägen, im Nordwesten bereits diese größte Provinz Schwedens erreicht. Hinter jeder Biegung warten neue Eindrücke und Sehenswürdigkeiten: Dunkelblaue, spiegelnde Seen wechseln mit flechtenbehangenen Fichtenwäldern und steilen Gebirgsflanken. Dazwischen murmeln Bäche, neigen sich sanfte Hänge – dies ist die letzte Kulturlandschaft Schwedens.
Im Sommer säumen hüfthohe Kräuter wie Nordischer Eisenhut und Weidenröschen die Wege und Seen.
Wir nehmen die Stichstraße zur längsten wasserführenden Schlucht Europas: Hier stürzt der Hällingsåfallet schäumend 43 Meter in die Tiefe. Weiter geht es nach Gäddede, dem Hauptort am Wildmarksweg. Am Horizont zeichnen sich bereits die Frostvikberge ab. Die Nähe zu Norwegen ermutigte Menschen auf beiden Seiten der Grenze seit jeher, zwischen den Ländern zu pendeln. Davon zeugt auch die sehenswerte, 1793 erbaute Kapelle von Viken. Die schönste Sehenswürdigkeit an der Route sind aber die samischen Kirchdörfer Ankarede, nur 40 Kilometer von Gäddede entfernt, und Fatmomakke am Kultsjön. In Ankaredes schlichter Kirche, die von 1896 stammt, treffen sich vor allem zum Mittsommerfest und im Herbst norwegische und schwedische Samen. Fatmomakke besteht hauptsächlich aus Langenkåten. Diese traditionellen hölzernen Behausungen der Samen liegen bunt verstreut in den Wäldern.
Nicht weit von Ankarede besuchen wir Schwedens längste Grotte. Die sechs Kilometer lange Korallengrotte wurde erst 1985 entdeckt, aber über Jahrtausende hinweg aus dem Kalkstein gewaschen. Ihre fossilen Wasserfälle und bizarren Tropfsteine sind wunderschön.

Nur einen Steinwurf weiter lädt das Naturreservat Bjuraälven zu einer kleinen Wanderung. Wir durchstreifen die von Wasser und Eis geformte, karstige Landschaft, bevor wir weiterfahren.
Wer die Reise fortsetzt, gelangt bald in die Kahlberge rund um Stekenjokk. Bis spät in den Juni hinein liegt in dieser Landschaft aus weiten Hochebenen, kargen Bergen und Mooren Schnee. Vom Straßenrand genießt der Reisende bereits atemberaubende Blicke, doch die Wanderwege übertreffen das noch. Wer sich ent-

1 *Wald- und Seeneinsamkeit prägen die Landschaft des Nordens.* – 2 *Traumhafte Abendstimmungen begleiten eine Reise durch den Hohen Norden.* – 3 *Die Rentiere leben halbwild in den Wäldern und auf den Fjälls von Lappland.*

schließt, die Gegend auf Schusters Rappen zu durchstreifen, sollte Zeit mitbringen: Nur so ist die fast unwirklich anmutende Szenerie aufzunehmen. Später geht es hinab in das traditionelle Gebirgsdorf Klimpfjäll, wo man etwa im wunderschönen Hotel »Klimpfjällsgården« unterkommt.

Im 19. Jahrhundert brachen die Samen von hier nach Norwegen auf. Meist begaben sich die Männer allein auf die zweiwöchige beschwerliche Wanderung zum Markt nach Trondheim; ihre Familien blieben im Norgefarergården zurück. Das alte Haus (1832) steht heute Besuchern offen; bei herrlicher Aussicht auf den Kultsjön trinkt man hier im Sommer Kaffee und kann Kunsthandwerk erstehen. Etwa 15 Kilometer von Klimpfjäll entfernt führt ein Abstecher zum Kirchplatz Fatmomakke, einem der meistbesuchten Orte Südlapplands. Am Ufer des Kultsees entstand dieses Dorf, das noch heute über 100 Katen zählt. Die erste Kapelle wurde Ende des 18. Jahrhunderts errichtet, doch an ihrer Stelle steht heute eine größere Holzkirche. 1904 blühte Fatmomakke auf: Die Samische Kulturgemeinschaft wurde gegründet. Sie schützt die Rechte der Samen und hält ihre Traditionen und Bräuche lebendig.

Für den Besucher ist viel geboten: Schöne Wanderwege durchqueren die Siedlung, doch ehe man losgeht, sollte man den Kulturraum besuchen, der eine kleine Ausstellung zur Dorfgeschichte zeigt.

Das Kirchdorf ist auch das Tor zum Marsfjäll, einem der schönsten Fjällgebiete Südlapplands. Nach acht Kilometern Fußmarsch erreicht man eine rote Lappenkåte, das letzte Zeichen menschlicher Zivilisation in der weiten Hochebene.

Gegen Ende des Vildmarksvägen passiert man den Trappstegsforsen, einen der schönsten Wasserfälle Schwedens und zugleich Höhe- und Schlusspunkt unserer Fahrt durch das herrliche Südlappland. Die Wassermassen des Flusses Kultsjön ergießen sich hier über mehrere perfekt geformte Kalksteinstufen und überwinden dabei einen Höhenunterschied von knapp 25 Metern.

In der alten Kirchenstadt Vilhemina schließlich, wo unsere Tour endet, besuchen wir das sehenswerte Lappenmuseum, ehe wir die Region über die E 4 verlassen.

Unterwegs ins Vindelfjäll

Etwas nördlicher lohnt es sich, die Strecke nach Tärnaby und ins Vindelfjäll zu nehmen, die auch »Blå Vägen« – »Blaue Straße« – heißt. Sie beginnt bei Storuman an der Mündung des Umeälven und führt den Reisenden durch eine eindrucksvolle Landschaft, die riesige Naturparks beheimatet wie den Vindelfjället und den Artfjället nördlich von Hemavan. Etwa 80 Kilometer vor der norwegischen Grenze erreicht die »Blaue Straße« Tärnaby, einen der bekanntesten schwedischen Skiorte und die Heimat Ingemar Stenmarks. Auf den Hängen am Laxfjäll lernten aber auch andere Skirennläufer wie Stig Strand oder Anja Pärsson das Skifahren. Im Tal kommen Langläufer auf ihre Kosten, denn im Winter werden hier etliche Kilometer Loipen gespurt. Sehenswert ist auch das Alpinarium, das sich der ruhmreichen Geschichte des Slalomclubs Fjällvinden verschrieben hat.

Der Sommer gehört in Tärnaby den Wanderern, die die Bergwelt des Lax- und Vindelfjället erkunden. Wer etwas über die Kultur der Samen erfahren möchte, sollte den Samegården östlich von Tärnaby besuchen. Hier sind alte Lappenzelte aufgebaut, die Einblicke in das traditionelle Leben der Samen geben.

Nun geht es weiter in den Wintersportort Hemavan, der etwas nördlich von Tärnaby liegt. Seine Kabinenseilbahn führt uns direkt in die Berge – von oben genießt

1 *Fatmomakke ist die erste Lappensiedlung an der Südgrenze Lapplands und ein uraltes Kirchdorf der Samis.* – 2 *Der Hällingsåfallet nahe Gäddede stürzt 43 Meter in die Tiefe.* – 3 *Rauschende Flüsse leiten das Wasser durch die tiefen Wälder von den Hochfjälls der Ostsee zu.*

2

3

1

2

man den herrlichen Rundblick oder wandert ins Fjäll, zum Beispiel zum berühmten Kungsleden.
Das 1974 gegründete Naturreservat Vindelfjället ist das größte Schwedens, sogar größer als Sarek, Padjelanta und Stora Sjöfallet zusammen. Es umfasst alle fjälltypischen Landschaften: Nadelurwälder, Fjällbirkenwälder, Zwergstrauchheide, alpine Moore, kahle Geröllhalden. Zudem findet sich hier eine artenreiche Flora, und im Sommer durchstreifen es Rentierherden. Der höchste Berg des Vindelfjället ist der 1767 Meter hohe Sytertoppen westlich des Sees Tärnasjön. Die zahlreichen Gewässer sind wohl das eindrucksvollste Merkmal dieser Landschaft. Von der »Blauen Straße«, die das Schutzgebiet durchquert, bieten sich eindrucksvolle Blicke über die Landschaft, die sich nordwärts bis zum Fjälldorf Ammarnäs fortsetzt.

Von Elchen und Mücken

In Mitteleuropa ist er längst ausgestorben, doch in Schweden avancierte der Elch zum Wappentier: Die Elchpopulation stieg in den letzten Jahrzehnten sprunghaft an. Mancherorts gerieten die Tiere gar zur Landplage, da sie die Waldkulturen erheblich schädigten. Dennoch sind Elche nicht leicht zu erspähen: Sie sind äußerst scheu und ziehen sich bei der geringsten Störung ins Dickicht zurück. Weniger selten begegnet man Mücken, die allsommerlich in riesigen Schwärmen über alle Lebewesen in Lappland herfallen. Sie folgen dabei einem typisch nordischen Prinzip, denn in den unwirtlichen Regionen oberhalb des Polarkreises bleibt nur wenig Zeit, für Nachwuchs zu sorgen. Zur Beruhigung sei gesagt, dass die Stechtiere in Richtung Süden und zur Küste hin weniger werden: Sie bevorzugen Gefilde mit ausgedehnten Wäldern und Mooren. Und der erste Frost macht dem Spuk ein Ende.

Das Erbe der Holzbarone

Sundsvall an der Bottenhavetküste heißt auch »kleine Großstadt« oder »Stadt zwischen zwei Bergen und dem Meer«. Nordschwedens zweitgrößte Stadt wirkt gar nicht schwedisch, denn sie hat ein »Herz aus Stein«: Die Bürgerhäuser im Zentrum sind gänzlich aus Ziegeln erbaut. Schon 1621 hatte Gustav II. Adolf die Stadt gegründet, doch blieb sie trotz ihrer guten Lage am Alnösund lange Zeit unbedeutend. Erst 1849 begann mit dem Bau einer dampfbetriebenen Säge der Aufschwung. In der Folge siedelten sich über 40 Sägewerke in Sundsvall an. Reiche Unternehmer, die sogenannten Holzbarone, beherrschten die Stadt bald völlig. Ihr aufwändiger Lebensstil sprach sich im ganzen Land herum und war 1879 Anlass des ersten Streiks in Schweden: 5000 Holzarbeiter kämpften – vergeblich – für mehr Lohn und bessere Arbeitsbedingungen. 1888 brannte die Stadt vollständig ab, doch man konnte es sich leisten, alle Häuser aus Stein schnell wieder aufzubauen. Der Stockholmer Stadtteil Östermalm diente den Bauherren als Vorbild, zudem inspirierte sie der Baustil Mitteleuropas. 1927 schloss die Straßenverbindung nach Stockholm Sundsvall an das südliche Schweden an, der Ort wuchs zu einer modernen Handels- und Universitätsstadt.

3

Bei einem Stadtbummel entdecken wir, dass Sundvalls Steinherz sehr warm und freundlich ist: Seine Boutiquen, Galerien, Cafés und Plätze laden vor allem im Sommer zum Verweilen ein. Im historischen Stadtkern begeistern besonders die prunkvollen Bürgerhäuser entlang der Storgatan, die den Hafen mit der Gustav-Adolfs-Kirche verbindet. Das bekannteste

1 *Von Fatmomakke führt eine leichte Wanderung auf das Marsfjäll, hier eine Lappenkate als Wetterunterstand.* – 2 *Die sanfte Weite der mit Heide und Wald überzogenen Fjälls durchbrechen von Gletschern abgeladene Felsbrocken.* – 3 *Fatmomakke ist auch ein traditioneller Mittsommerplatz der Samis, was die Stange mit den zwei Ringen markiert.*

Gebäude der Stadt ist das Hotel »Knaust« (Storgatan 13), das die Verschwendungssucht der Holzbarone demonstriert; innen fällt zuerst die Treppe aus Carraramarmor ins Auge. In den oberen Stockwerken sitzt heute das nationale Patentamt.
Etwas westlich gruppieren sich um den Stadtpark Esplanaden die quadratisch angelegten Wohnviertel. Dahinter erreichen wir den Stortorget – der See, der trockengelegt und in Bauland umgewandelt wurde, bildet das Zentrum der Stadt. Ihn umgeben das Rådhuset, das Hirschhaus und mehrere Kaufhäuser. In der Mitte des Platzes erinnert eine Statue an den Stadtgründer Gustav II. Adolf. Ebenfalls prunkvoll ist der Stadtpalast Hedbergskahuset, den Gustaf Hermansson in der Kyrkogatan als Privathaus und Kontor für den Holzbaron J. A. Hedberg errichtete. Mosaikfußböden, Deckenmalereien, Schmiedeeisen- und Glasarbeiten zeugen vom Reichtum der damaligen Wirtschaftsmagnaten.

Am Hafen erreichen wir das Kulturmagasinet, das neue Wahrzeichen der Stadt. Es entstand aus alten fünfstöckigen Lagerhäusern, die renoviert und durch ein gemeinsames Dach zu Norrlands größtem Kulturzentrum wurden.
In der ersten Juliwoche verwandelt sich die Innenstadt rund um die Storgatan in einen Festplatz: Beim Sundsvall-Festen, Norrlands größtem Straßenfest, feiern Tausende Besucher mit Umzügen und Musikveranstaltungen.
Von Sundsvall geht die Reise weiter gen Süden. Bald erreichen wir die 1582 gegründete Hafenstadt Hudiksvall, Hauptstadt der Provinz Hälsingland. Der malerische Ort empfängt den Gast seit dem 19. Jahrhundert konstant fröhlich und unbeschwert. Damals lebten die Holzbarone hier in Saus und Braus, die Gassen mit den einladenden Lokalen waren Dreh- und Angelpunkte des gesellschaftlichen Lebens. Hudiksvalls Gastfreundschaft ist seither geradezu sprichwörtlich. Die Holzbarone ließen rund um die Storgatan prachtvolle Villen errichten, und auch die Häuser der Handwerksmeister waren imposant. Der Innenstadtkern rund um den Kanal und die Lilla Kyrkogatan aber gehörte den Fischern. Hier sind noch die alten Holzhäuser der ehemaligen Fischerstadt zu bewundern – sie zählen zu den schönsten und besterhaltenen Holzbauten Schwedens. Hudiksvall gehört denn auch zu den zwölf historischen Holzstädten.
An der idyllischen Hafenanlage im Stadtzentrum fallen vor allem die hölzernen, rot getünchten Speicher- und Bootshäuser ins Auge, die in zwei Reihen entlang des Strömmingssunds stehen und heute Boutiquen und Kunsthandwerksstätten bergen.
Und auch das Umland ist ein Hingucker: Die Schärenküste rund um Hudiksvall gehört zu den schönsten Küstenabschnitten Nordschwedens. Zu Beginn des 20. Jahrhunderts gab es hier mehr als 50 Fischerdörfer, die heute Feriendomizile und Jachthäfen beherbergen.

Mondänes Gävle

Knapp oberhalb von Uppsala erreichen wir das mondäne Städtchen Gävle. Nur aus einer Laune der Bürokratie heraus gehört es zum Norrland. Eine großzügige Esplanade, an deren Enden das Rathaus und ein Theater liegen, beherrscht das Stadtbild; dazwischen breiten sich Parks und Cafés aus, links und rechts davon moderne Einkaufsmeilen mit beeindruckenden Glasfassaden. Die 1446 gegründete Stadt war lange die größte nördlich von Stockholm und ein wichtiges Zentrum des Nordlands. Als Verwaltungszentrum von Gästrigland beherbergt Gävle viele Industriebetriebe und den fünftgrößten Hafen des Landes. Nach einem Brand 1869 wurde das beinahe vollständig zerstörte Stadtgebiet neu aufgebaut.

1 *Bei Sonne spiegeln sich die Birkenwälder in den glasklaren Seen.* – 2 *Im Herbst, der Ruska genannt wird, verfärben sich die Hochfjälls zu einer farbenprächtigen Landschaft.* – 3 *Bunt bemalte Holzhäuschen sind das Markenzeichen von Gävle.*

2

3

So schön ist die nordische Wildnis: eine Sinfonie aus Wasser, knorrigen Bäumen, sanften Rücken und unendlicher Weite.

Die letzte Wildnis Europas

Das Land der Mitternachtssonne ist so schön, dass man kaum Worte findet, es zu beschreiben. Es ist die letzte Wildnis Europas, denn die unendlichen Fjälls sind fast menschenleer. Sie bieten den wilden Tieren und Pflanzen noch ausgiebig Raum, um sich ungestört zu entfalten. Dazu hat man die schönsten Landschaften als Nationalparks für immer unter Schutz gestellt. Klingende Namen wie Sarek, Abisko, Padjelanta oder Muddus versprechen unberührte, wildreiche und bisweilen raue Natur, die sich nur zu Fuß erleben lässt. Auch der höchste Berg Schwedens, der Kebnekaise, ist hier oben zu finden.

Schon im September hält der Winter Einzug in Lappland und legt einen weißen Schleier über die mit Birken goldgelb eingefärbte Landschaft.

Einsamkeit begegnet Stille

Jokkmokk – Kiruna – Kebnekaise – Kungsleden – Sarek-Nationalpark – Padjelanta-Nationalpark – Abisko-Nationalpark

Die meisten Menschen setzen Nordschweden mit Lappland gleich, ist Letzteres doch nicht nur die größte, sondern auch die nördlichste Provinz des Landes. Europas letzte Wildnis lockt mit dem Ruf des Abenteuers und der Mitternachtssonne. Sie ist Heimat der Samen, der Rentiere, der Fjälls, der Bären sowie der Nationalparks Sarek, Padjelanta oder Abisko.

Land zwischen Licht und Finsternis

Viele Ortsnamen wie Arjeplog, Arvidsjaur, Jokkmokk und Kvikkjokk zeugen von der samischen Besiedlung Lapplands. Die Samen richteten diese Orte als Sommer- oder Winterlager ein, in denen sie ihre Rentiere zusammentrieben und verkauften. Auch wenn Lappland inzwischen erschlossen wird und sogar Kraftwerke erbaut wurden, bleibt es dennoch ein Traumland für abenteuerhungrige Reisende: Nur knapp 180 000 Menschen leben hier, man ist mit der Natur (fast) allein.

Wir beginnen unsere Reise in Jokkmokk, einem malerischen Ort mit kleinstädtischem Charakter direkt am Polarkreis und ein Zentrum der Samen. Bis zum 17. Jahrhundert diente Jokkmokk den Samen nur als Winterlager, doch ab dem 19. Jahrhundert kamen immer mehr »Südländer«, als man begann, in Lapplands Wildnis Staudämme und Kraftwerke zu bauen.

Das wichtigste Ereignis im Jahr der Samen ist der Lappenmarkt Ende Februar. Seit 1605 gibt es den »kältesten Jahrmarkt der Welt«, zu dem die Menschen kamen, um Tauschgeschäfte zu machen, zu heiraten und ihre Toten zu begraben. Heute zieht der Markt bis zu 40 000 Händler und Käufer an.

Jokkmokks größte Sehenswürdigkeit ist das Fjäll- und Samenmuseum Ájtte. Die beeindruckende Anlage erhielt ihren Namen von einem Kåtentyp der Waldsamen: Die Ájtte ist eine Vorratshütte, auf vier Pfählen gebaut. Das Museum zeigt lehrreiche Ausstellungen zu Kultur und Leben der Samen und betreut ein wissenschaftliches Archiv. Auch Lapplands typische Landschaften – Wald, Fluss, Fjäll – sind Thema.

Die bekanntesten Orte Lapplands sind aber Kiruna und Gällivare. Sie verdanken ihre Bedeutung dem hier abgebauten Eisenerz, das weltweit exportiert wird. Seit über 100 Jahren bringt die Eisenbahn »Lapplandpfeil« den Rohstoff nach Narvik und Luleå. Ihre Strecke zählt zu den schönsten Reiserouten Europas: Durch das Tal des Torneträsk, an der Lappenpforte bei Abisko vorbei, führt sie durch die lappländische Bergwelt und durch den Rombakfjord nach Narvik ans Meer.

Kiruna, Schwedens nördlichste Stadt, lebt ausschließlich vom Erzabbau. Der gewaltige Erzberg dominiert das Stadtbild, die Luft vibriert vom lauten Rattern der Waggons der Erzbahn. Mehr als 2200 Arbeiter der betreibenden Gesellschaft LKAB schürfen mit Hilfe modernster Technik nach Erz, aktuell in 1365 Metern Tiefe. Es gibt sogar Pläne, ganz Kiruna 5 Kilometer weiter östlich zu verlegen, um die reichen Erzvorkommen, die innerhalb des Stadtkerns geortet wurden, nutzen zu können.

1 *Der Vassijaure in Riksgränsen ist der letzte See auf schwedischer Seite, bevor das Land auf norwegischer Seite in den Rombakfjord abfällt.* – 2 *Die Kirche von Kiruna ist zur Gänze aus Holz gebaut und einer alten Lappenkirche nachempfunden.*

1

2

1

Der Stadtname entstammt natürlich dem Lappischen: »Girun«, das Schneehuhn, ist heute noch im Stadtwappen zu finden. In Anbetracht nur ihrer Fläche wäre Kiruna die größte Stadt der Welt – was uns zeigt, wie riesig dieses Land ist.
Kiruna wurde um 1900 als »Stadt der Zukunft« gegründet, und geradezu bizarre Hochhäuser prägen das Stadtbild. Ansonsten gibt es hier wenig außer zweckmäßigen Einkaufsläden, einer hölzernen Kirche samischen Stils, einigen Hotels und einem Campingplatz. In letzter Zeit kommen immer mehr Touristen her, weil von hier die Straßen in den Norden und nach Finnland führen und mehrmals täglich Flugzeuge nach Stockholm abheben.

Die mit den Rentieren leben – die Samis

Die Angehörigen des nordischen Volkes der Sami werden meist als knorrige Menschen in bunter Tracht gesehen, die mit ihren Rentieren durch das Land ziehen. In vorchristlicher Zeit wanderten finnisch-ugrische Völker, die Vorfahren der heutigen Urbevölkerung, nach Nordskandinavien. Heute gibt es, verteilt über die gesamte skandinavische Nordkalotte bis nach Dalarna, noch etwa 75 000 Sami. 17 000 leben in Schwedisch-Lappland. Die »Sumpfleute« waren einst Jäger und Fischer. Im Lauf der Jahrtausende begannen sie, »hauptberuflich« Rentiere zu zähmen, und entwickelten zwei Formen der Rentierzucht: die sesshafte Weidezucht und die nomadische Gebirgs-Rentierzucht. Die Gebirgszüchter ziehen mit ihren Tieren zwischen den Sommerweiden im Gebirge und den Winterweiden in den Wäldern hin und her. Alle traditionell als Rentierzüchter lebenden Samen gehören »cearru«, Sami-Dörfern, an. Diese Gemeinschaften funktionieren als wirtschaftliche und verwaltungstechnische Genossenschaften. Doch das moderne Leben ging auch an Lappland und seinen Bewohnern nicht spurlos vorüber: Die große Mehrheit der Urbevölkerung ist längst sesshaft geworden.
Nur noch sieben Prozent leben von der Rentierzucht; sie hüten ihre Herden heute mit Motorrädern, Schneescootern und Hubschraubern. Viele verdienen einen Teil ihres Einkommens mit traditionellem Kunsthandwerk, das sie an Touristen verkaufen.

Lange Zeit galten Sprache, Lebensweise und Tradition der Samen in Schweden als wertlos, daher ging viel davon verloren. Die Kultur konnte diese schweren Verluste bis heute nicht verwinden, auch wenn jeder Sami mittlerweile die vollen Bürgerrechte genießt. Die Samen können ihre ursprüngliche Kultur nur erhalten, wenn ihre Lebensgrundlagen erhalten bleiben: die Rentierzucht, das Fischen und die freie Jagd. Dies hat auch die schwedische Regierung erkannt und umfangreiche Maßnahmen ergriffen, um die Existenz der Samen zu sichern, und die schwedischen Samen gehören dem Weltrat der eingeborenen nationalen Minderheiten an, 1993 wurde zudem das erste Sami-Parlament gewählt – es gibt also Hoffnung.

Wunder Aurora borealis

Das Polarlicht gibt den Forschern seit jeher Rätsel auf. Aurora borealis nannte Pierre Gassendi im 17. Jahrhundert die astronomische Erscheinung am Nordhimmel, doch erklären konnte er sie nicht. Heute ist man ein Stück weiter, nicht zuletzt dank des Observatoriums in Kiruna. Zu beobachten ist das Nordlicht nur in klaren Herbst- oder Winternächten: Es erfüllt den Himmel mit flammenden Farbnebeln oder bunten Lichtfahnen. Wissenschaftler erklären das Phänomen mit »Sonnenwind«, Protonen und Elektronen, die zur Erde strömen. Diese treten an den

1 *Westlich von Kiruna erheben sich die höchsten Berge Lapplands.* – 2 *Am Wintermarkt in Jokkmokk können die Kinder mit Rentierschlitten fahren.*

Polkappen, wo das Magnetfeld der Erde am schwächsten ist, in die Erdatmosphäre ein, werden gebremst und Energie wird frei, die in die Luftmoleküle übergeht und diese zum Leuchten bringt.
Seit jeher kreisen die Märchen und Mythen der nordischen Völker um das Nordlicht. Die Menschen interpretierten es als Götterfackeln, den Widerschein tanzender Fischschwärme oder die Botschaft ihrer Verstorbenen. Das finnische Nationalepos »Kalevala« verheißt dem das Geheimnis zu eröffnen, wie die Welt entstand, der das Nordlicht entziffern kann. Fritjof Nansen hielt auf seiner Polarfahrt fest, dass das Polarlicht das Übernatürliche sei, eine einzigartige Kraft und Schönheit, die in allen Regenbogenfarben funkelt.

1

Eisenbahnträume

Bereits im 18. Jahrhundert wussten die Menschen von den Erzvorkommen im schwedischen Teil Lapplands. Doch weil sie das Erz nicht an die Küsten zu den Häfen transportieren konnten, blieb ein wirtschaftlicher Abbau vorerst aus. Von 1825 an planten die Ingenieure in Kiruna und Gällivare dafür den Bau einer Eisenbahnlinie, zunächst bis Luleå. Da der Bottnische Meerbusen im Winter aber zufriert, reichte dies nicht aus. 1882 genehmigte der König den Bau der Bahnlinie nach Narvik, das das ganze Jahr über von großen Schiffen angelaufen werden kann. Die Bauleitung hatte die englische Firma Wilkinson & Jarvis inne, die zu diesem Zweck die Northern Railway Company Ltd. gründete. Den Bau selbst übernahm die englische Firma Pinn & Millet. Wohl keine andere Bahn in Europa entstand unter derart schwierigen Bedingungen. Eiseskälte, Schneestürme, reißende Flüsse und wochenlang ausbleibende Versorgungslieferungen machten den Arbeitern ebenso zu schaffen wie Krankheiten, Seuchen und unmenschliche Anstrengungen.
Interesse an der Bahn hatten auch England und Deutschland, die das schwedische Erz kaufen wollten. Nach Baubeginn 1884 bei Svartön ging der Bau nur schleppend voran. Im Herbst 1885 waren erst 1800 Meter der mehr als 400 Kilometer langen Strecke fertig gestellt. Ein Jahr später erreichte man die Stadt Boden, im Dezember 1887 wurde Gällivare und im Februar 1888 Malmberget, der Stadtteil mit der Erzgrube, an die Schienen angeschlossen. 1898 erreichten die Gleise Kiruna, ein Jahr später den Torneträsk. Nun folgte der schwierigste Abschnitt, der durch die Berge im hinteren Rombakfjord führte: Das unwegsame Gelände musste erschlossen, Sümpfe trockengelegt, Tunnels in den Fels gesprengt und reißende Flüsse überbrückt werden. Trotz aller Widrigkeiten kamen die Schienen am 15. November 1902 im norwegischen Narvik an, und König Oscar II. übergab die Bahnlinie am 14. Juli 1903 feierlich ihrer Bestimmung. Der »Lapplandpfeil« nahm als erster Luxuszug Nordeuropas neben den Erzzügen seine Dienste auf und wurde wegen der landschaftlich einzigartig schönen Strecke bald zur Touristenattraktion. Doch auch die Erzbahn hatte viel zu tun: Zu ihrer Hochzeit fuhren täglich 30 bis 60 Züge nach Narvik, jeder mit 52 Waggons und 4000 Tonnen Erz. Mit der Entwicklung moderner Hochleistungslokomotiven wie der DM 3 können heute bis zu 7500 Tonnen pro Zug transportiert werden. Darüber hinaus erzeugt die Lok beim Talwärtsfahren Energie, die ins Netz eingespeist wird.

Wanderung auf den Kebnekaise

In Lappland dreht sich alles um die Natur, die am eindrücklichsten beim Wandern zu erleben ist. Neben den Weitwanderwegen

1 *Das Nordlicht gehört in Winternächten zum beeindruckenden Schauspiel der lappländischen Natur.* – 2 *Die Mitternachtssonne taucht das Land wie hier am Torneträsk in ein besonders sanftes Licht.* – 3 *Die Inlandsbanan verkehrt als Touristenattraktion im Sommer zwischen Mora und Gällivare auf einer einst wirtschaftlich bedeutenden Strecke.*

2

3

1

2

Kungsleden und Padjelantaleden ist der Aufstieg zum Kebnekaise, Schwedens höchstem Berg, ein »Muss«. Dabei durchquert man gewaltige Gebirgsmassive, einsame Hochebenen, Heidelandschaften und Birkenwälder, von Trollblumen erfüllte Täler, eiskalte Gebirgsflüsse, Sumpflandschaften und reißende Ströme. Der Aufstieg zum Gipfel fällt in die Kategorie mittelschwer, die größte Umstellung bedingt wohl die Weitläufigkeit der Landschaft: Man hat das Gefühl, in den weiten Tälern kaum voran zu kommen. Der Aufstieg zum Kebnekaise beginnt mit einem langen Anmarsch von der Fjällstation Nikkaluokta aus, dem Endpunkt der Straßenverbindung mit Kiruna. 19 Kilometer entfernt bildet die Kebnekaise-Fjällstation den letzten zivilisatorischen Stützpunkt vor dem Aufstieg. Nimmt man nach etwa fünf Kilometern Wegstrecke das Boot über den Ladtjojaure, sind es noch neun Kilometer bis zur Fjällstation. Weithin ist die dunkle Felswand Tarfalapakte zu sehen, die einen guten Orientierungspunkt abgibt. Wer erstmals die Station erblickt, hat noch eine Stunde zu gehen, bis das bequeme Nachtlager mit Restaurant und Sauna erreicht ist.

Ungeübte Wanderer sollten hier nur geführt wandern, denn man braucht Trittsicherheit und alpine Erfahrung. Wird das Wetter halten? Der Abend verrät es selten. Auf alle Fälle wird der Rucksack gepackt. »Vi treffar i toppen« – »Wir treffen uns am Gipfel«, ruft man sich morgens zu, wenn viele Gruppen den Aufstieg beginnen. Zunächst geht es durch Zwergstrauchheiden in ein steiles Tal hinein, bald verläuft der Weg durch steile Schuttflanken und über felsige Rundrücken. Rentiere, die vor den Mücken und der Hitze im Tal in die Berge fliehen, begegnen den Wanderern auf den ersten Abschnitten. Nach der Durchquerung eines Trogtals, das mehr als 300 bereits gewonnene Höhenmeter zunichte macht, beginnt der lange Aufstieg zum Gipfelplateau, das bald von Schneefeldern und später dem ewigen Eis des Gletschers gekennzeichnet ist. Hat man die »Topstugorna«, die kleine Schutzhütte am Beginn des Plateaus erreicht, liegt noch ein einstündiger Marsch den schneebedeckten Grat entlang bis zum 2117 Meter hohen Südgipfel vor einem. Der Gipfelaufbau gleicht einem Zuckerhut, der etwa 30 Höhenmeter aufragt und zu beiden Seiten über 1000 Meter in die Tiefe stürzt. Bei gutem Wetter präsentiert sich nun ein unvergleichliches Panorama: In der Ferne sind Sarek, Abisko, Tarfalafjäll und Stora Sjöfallet zu sehen, nach Osten reicht der Blick weit über die Bergwelt hinaus in die Ebene bis Kiruna.

Wieder in der Fjällstation bekommt jeder Teilnehmer einer geführten Wanderung ein Abzeichen und eine Urkunde. Man würde sich aber sicher auch ohne an diese grandiose Wanderung erinnern!

Königspfad durch die Wildnis

Der Kungsleden ist der berühmteste und populärste Weitwanderweg Schwedens. Als bestens markierter, 500 Kilometer langer Pfad verbindet er Abisko im Norden mit Hemavan nahe Tärnaby im Süden und

3

durchquert dabei wundervolle nordische Landschaften. Links und rechts des Weges finden sich Skandinaviens höchste Gebirge, ursprüngliche Fjällgebiete, die tiefsten Trogtäler Europas. Zudem passiert man die Nationalparks Sarek und Stora Sjöfallet. Der 1890 vom Schwedischen Touristenverband (STF) eingerichtete Pfad ist bestens ausgebaut: Über Flüsse und sumpfige Stellen führen Brücken, zudem gibt es am Ende der 15 bis 24 Kilometer langen Ta-

1 *Der Aufstieg zum Kebnekaise, dem höchsten Berg Schwedens rechts im Hintergrund, beginnt bei der gleichnamigen Fjällstation.* – 2 *Im Tarfaladalen reichen die Gletscher vom Kebnekaise-Massiv bis an den Wanderweg heran.* – 3 *Die Kebnekaise-Fjällstation ist angesichts der Wildnis als luxuriöse Herberge einzustufen.*

gesetappen Hütten zum Übernachten. An einigen Stationen gibt es sogar kleine Läden, in denen man sich mit Proviant eindecken kann.

Die gesamte Wanderstrecke lässt sich in drei Abschnitte teilen: Abisko bis Kvikkjokk, 14 Tage, 229 Kilometer. Dies ist der klassische Abschnitt des Kungsleden, der die meisten Besucher verzeichnet. Nach Abisko quert man zuerst dichte Birkenwälder, ehe man auf der Höhe des Abiskojaure allmählich in baumloses Gelände vorstößt. Von der Alesjaurehütte, 35 Kilometer vom Start entfernt, eröffnet sich ein eindrucksvoller Blick auf die offene Fjäll-Landschaft. Den höchsten Punkt der Strecke bildet der Pass Tjäkta (1105 Meter, 48 Kilometer vom Start). Danach folgen die Stationen Sälka (60 Kilometer) und Singi (72 Kilometer). Hier zweigt ein Seitenpfad zur Kebnekaise-Fjällstation ab (14 Kilometer), so dass man Schwedens höchsten Berg besteigen kann.

Wer nun schon genug gewandert ist, der kann den Trail hier abbrechen und über eine Tagesetappe von 19 Kilometern nach Nikkaluokta marschieren, von wo ein Bus nach Kiruna fährt. Die Hauptroute führt von Singi weiter in Richtung Saltaluokta (24 Kilometer ab Singi). Dieser Abschnitt, der uns durch Birkenwälder, Hochtäler und offene Fjälls führt, ist einer der stillsten des Weges. Danach durchpaddeln wir den Teusajauresee und überqueren mit der Fähre den Stora Sjöfallet, ehe die Fjällstation Saltaluokta erreicht ist. Nach einem langen Anstieg von 20 Kilometern hinauf nach Sitojaure und dem Abstieg hinab nach Aktse durch Wald- und Sumpfgebiet (13 Kilometer) ist der Südrand des Sarek-Nationalparks erreicht. Wir rudern durch den Laitauresee mit einem der bereitliegenden Boote und benötigen noch zwei Etappen (insgesamt 40 Kilometer) bis Kvikkjokk. Von hier fährt der Bus nach Jokkmokk.

Der zweite Abschnitt führt von Kvikkjokk nach Ammarnäs, er misst 166 Kilometer und ist in acht Tagen zu bewältigen. Dies ist der anstrengendste und schwierigste Teil des gesamten Trails, denn er wartet mit steilen Anstiegen, langen Etappen zwischen den Hütten, Fluss- und Seequerungen sowie dem Wind ausgesetzten Hochfjälls auf. Die erste Hütte nach Kvikkjokk findet sich am Tsielejåkk (15 Kilometer), dann folgt eine 55 Kilometer-Etappe bis zur Hütte am Vuonatjviken. Nach zwei Seequerungen und sieben Kilometern Wanderung erreicht man das Dorf Jäkkvik, nach weiteren neun Kilometern den Pieljekaise-Nationalpark. 19 Kilometer bis Adolfsström, 23 Kilometer bis Sjnjutje und schließlich 34 Kilometer bis Ammarnäs vervollständigen diesen Abschnitt.

Der leichteste Teil des Weges ist der dritte. Er ist lediglich 78 Kilometer lang und in vier Tagen zu absolvieren. Von Ammarnäs aus durchquert der Pfad bis Hemavan Fjälls heideverwachsene Moore, Birkenwälder und Sumpfland. Der einzige Anstieg wartet zwischen Ammarnäs und Aigert. Auf dem Weg zur Syterhütte passiert der Wanderer mehrere Brücken, die über das Seennetz Tärnasjö Archipelago führen. Schließlich gelangt man zur Viterskalethütte im Vindelfjäll, ehe man das südliche Ziel des Kungsleden, Hemavan, erreicht. Entlang dieser Strecke gibt es keine STF-Stationen, nur einfache Hütten.

Sarek und Padjelanta

Der Sarek ist mit einer Fläche von mehr als 5200 Quadratkilometern der größte Nationalpark Schwedens. Er gilt als die letzte unberührte Wildnis Europas. Gewaltige gletscherverhangene Gebirgsmassive, einsame Hochebenen mit eiszeitlich geschliffenen Steinwüsten, unzugängliche

1 *Im Sommer gehören die Wege den Weitwanderern, die mit schweren Rucksäcken die teilweise gut ausgebauten Routen begehen.* – 2 *Durch den Nationalpark Stora Sjöfallet führen wenige Straßen, auf denen man sehr oft einsam unterwegs ist.* – 3 *Das Delta des Rapadalälven im Sarek-Nationalpark, eines der Naturwunder Lapplands.*

2

3

1

2

Urstromtäler wie das Rapadalen und wild brausende, eiskalte Wasserläufe kennzeichnen diese unzugängliche Landschaft: Sarek ist der einzige Nationalpark Skandinaviens, den kein von Menschenhand angelegter Pfad durchquert. Mit Ausnahme eines schmalen, von den Besuchern ausgetretenen Steiges auf den Nammatj muss man innerhalb des Parks querfeldein wandern.

Nirgends sonst in Schweden gibt es so mächtige Berge, so viele Gletscher und so extreme Höhenunterschiede wie hier – über 200 Gipfel finden sich im Sarek. Den größten Teil des Parks bedecken karge Fjälls und Gletscher, kleine Wälder können sich nur in geschützten Lagen am Fuß der Berge behaupten. Ein unvergleichliches Bild bietet sich im Frühsommer, wenn die mit Trollblume und Nordischem Rittersporn bewachsenen Täler mit den schimmernden vergletscherten Bergrücken wetteifern.

Daneben hat Sarek Hochgebirgsebenen wie das arktisch anmutende Luottalaka-Plateau zu bieten, aber auch tiefe Schluchten wie die des Sarvesjokk und Smailajokk im Westteil. Das Rapadalen ist zweifelsohne der bekannteste Ort im Nationalpark. Dieses mächtige Trogtal durchfließt Sareks längster Fluss, der 45 Kilometer lange Rapaätno. Dort, wo er sich mit seinem großen Seitenarm, dem Sarvesjokk, vereinigt, entstand ein breites Delta. Der breite Fluss schlängelt sich sodann kunstvoll durch das äußere Rapadalen – dies ist wohl eine der schönsten Wasserlandschaften Europas. Der Nationalpark Sarek ist auch eines der letzten Rückzugsgebiete der Braunbären in Europa. Die Zahl der Elche hält sich hier aber wegen der strengen Winter in Grenzen.

Die meisten Wanderer streifen den Park nur entlang des Kungsleden, der am Ostrand vorbeiführt. Bei der Touristenstation Aktse zweigt ein Seitenpfad auf den Aussichtsberg Skierfe, ab von dem aus man das Rapadalen überblicken kann.

Der Padjelanta-Nationalpark umfasst ein riesiges offenes, hochnordisches Gebirgsplateau mit weich gerundeten Bergrücken, riesigen Seen und einigen hohen Gipfeln. Er scheint noch entlegener und unzugänglicher zu sein als das Sarek-Gebiet. In dieser weiten Landschaft zwischen Wasser, Land und Himmel erkennen wir plötzlich, wie klein und unbedeutend der Mensch doch ist. Die markanten, über 1800 Meter hohen Gipfel des Jeknaffo, des Kierkevare und des Alatjåkka überragen die seenreichen Hochflächen, in denen der Virihaure und der Vastenjaure einen Großteil der Fläche einnehmen. Der Virihaure soll sogar der schönste See Lapplands sein.

Padjelanta ist seit jeher die Heimat der Sami. Die drei Lappendörfer Tuorpan, Jåkkåkaska und Sirkas liegen ebenso innerhalb der Parkgrenzen wie das Sommerlager Staloluokta am Virihaure. Hier ist ein kleines Dorf entstanden, in dem eine Touristenstation die Wanderer empfängt.

1 *Oft braucht es ein Boot, um den Kungsleden komplett zu absolvieren, denn die Route wird immer wieder von Seen unterbrochen.* – 2 *Gehhilfe in den moorigen Fjälls: Bohlenwege im Abisko-Nationalpark.* – 3 *Die Unterstellhütte von Sjnjerak am Fjäll bei Årrenjarka.* – 4 *Die Silberwurz blüht im Juni auf den Fjällheiden.* – 5 *Vom Prinskullen bei Kvikkjokk reicht der Blick weit auf das Delta des Saggat.*

Besonders sehenswert ist die eigentümliche lappländische Kapelle, ein kuppelförmiger Bau aus Steinen und Erdschollen mit einem hölzernen Glockenturm. Im Sommer finden hier wunderschöne Kirchenkonzerte namhafter schwedischer Künstler statt.

Blumenreich Abisko

Abisko ist ein für Lappland typisches Hochgebirgstal. Sein samischer Name bedeutet so viel wie »Meerwald« und weist darauf hin, wie nah der Atlantik auf norwegischer Seite ist. Es sind nur 80 Kilometer bis zum Meer. Aus diesem Grund herrscht hier ein maritim geprägtes Klima mit relativ milden Wintern, kühlen Sommern, viel Sonnenschein und sehr geringen Niederschlägen.

Dieser 1909 gegründete Nationalpark ist für seine reiche Gebirgsflora und wunderschöne hochnordische Fjäll-Landschaft bekannt. Auf einer Fläche von 77 Quadratkilometern umfasst das Schutzgebiet das birkenbewachsene Tal rund um den Abiskojåkka, das sich vom Torneträsk südwestwärts bis zum Abiskojaure und weiter bis zu den Gebirgen des Kebnekaise-Massivs erstreckt.

Sehr sehenswert sind auch der See Abiskojaure, die üppig blühenden Bergwiesen des Njulla, die Schlucht des Abiskojåkka sowie sein Delta, das an der Mündung in den Torneträsk entstand. Den Park rahmen gewaltige Fjälls ein, außerdem das mächtige Trogral Lappenpforte (Lapporten) und der Torneträsk, der mit einer Länge von 70 Kilometern der größte Gebirgssee Skandinaviens ist.

Der Abisko-Nationalpark ist vor allem für seine Pflanzenwelt bekannt, die auf dem kalkhaltigen Boden des Njulla sowie im Flusstal des Abiskojåkka gedeiht. Diese alpinen Fjällheiden gehören zusammen mit den Zwergbirkenwäldern zu den wertvollsten Lebensräumen des Parks.

Obwohl Abisko weit nördlich der Nadelbaumgrenze liegt, gibt es hier einige Bestände knorriger Kiefern.

Im Park leben auch zahlreiche Tiere: Elche, Füchse, Vielfraße, Luchse und sogar Wölfe. Überall im Gebiet zwitschern Blaukehlchen, Weidenmeise und Gartenrotschwanz; auch der äußerst seltene Nordische Laubsänger ist zu finden, jedoch nur an den Hängen des Njulla. Wegen seiner vielen Wat- und Entenvögel erhielt das Delta des Abiskojåkka einen noch höheren Schutzstatus als der Nationalpark selbst – es darf zwischen dem 1. Mai und dem 31. Juli absolut nicht betreten werden.

Das Besucherzentrum Abisko-Naturum stellt die verschiedenen Lebensräume des Parks und die wichtigsten Tier- und Pflanzenarten vor. Im Sommer finden hier abends auch verschiedene Filmvorführungen statt.

Für Tagesausflüge bieten sich im Park mehrere Wanderrouten an, darunter auch Naturlehrpfade (Kanjonstigen ein Kilometer, Rallarstigen zwei Kilometer), die am Eingangstor beginnen. Besonders reizvoll ist eine Wanderung entlang des Abiskojåkka, die flussabwärts durch eine 20 Meter tiefe Schlucht führt und schließlich im Delta am Torneträsk endet.

Wer sich nicht plagen will, der nehme den Sessellift auf den 1169 Meter hohen Njulla. Er ist ein bekannter Blumenberg und bietet einen eindrucksvollen Rundblick auf die umgebende Landschaft.

Vom Gipfel kann man vom 30. Mai bis 16. Juli die Mitternachtssonne beobachten, am Naturum im Tal ist sie dagegen nur vom 12. Juni bis 4. Juli zu sehen. Vom 5. Dezember bis 9. Januar herrscht dann die lange und eisige Polarnacht – das Land versinkt bis zum Sonnenaufgang im kommenden Frühjahr in völliger Dunkelheit.

1 *Der Canyon des Abisko-Nationalparks war einer der Gründe dafür, dass diese Wildnis 1909 zum Schutzgebiet ernannt wurde.* – 2 *Der Padjelanta-Nationalpark liegt weitab jeglicher Straßen in der tiefsten Wildnis.* – 3 *Die Lappenpforte, ein riesiges Trogtal, ist das Symbol für den äußersten Norden Lapplands und den Abisko-Nationalpark.*

2

3

Eisig und trotzdem heimelig: Im Eishotel in Jukkasjärvi bei Kiruna bettet man sich bei klirrenden Temperaturen auf ein eiskaltes Lager. Flauschige Felldecken sorgen derweil für eine erholsame Nacht im Warmen.

2

Schwedens Top Ten

Stockholm

Stockholm ist unbestritten die schönste Stadt des Landes. Um die wichtigsten kulturellen und landschaftlichen Sehenswürdigkeiten zu besichtigen, sollte man sich mindestens zwei bis drei Tage Zeit nehmen. Dazu verwendet man die Stockholm Card, die den Zutritt zu fast 100 Museen und Attraktionen, freies Parken in der Stadt und Benutzung der öffentlichen Verkehrsmittel beinhaltet. Eine Besichtigung beginnt entweder am modernen Zentrum, dem Sergelstorg, oder in der Altstadt Gamla Stan. Dort bilden der Stortorget, die Västerlånggatan und Österlånggatan die touristischen Zentren. Auf dieser Insel befinden sich auch das Königsschloss, Kungliga Slottet, die Storkyrkan und die Deutsche Kirche. Gleich anschließend geht es zu den Inseln Riddarholmen und Helgeandsholmen. Im Anschluss folgen dann die städtischen Bezirke wie Norrmalm, Vasastaden und Södermalm. Ein Muss ist das Rathaus am Norra Mälarstrand, von dessen Turm man einen herrlichen Ausblick über die Stadt genießt. Zwischen Djurgården mit dem Freilichtmuseum Skansen liegt die Museumsinsel Skeppsholmen, die man von Norrmalm aus erreicht. Nach Djurgården fährt vom Sergelstorg aus die Straßenbahnlinie 7, so erreicht man am besten die Museen auf der Insel und den riesigen Landschaftspark mit den Schlössern Rosendal und Waldemarsudde. Am Abend lockt der Vergnügungspark Gröna Lund. Für Skansen sollte man mindestens einen halben Tag einplanen.
Stockholm muss man aber auch zu Wasser erleben. Dazu eignet sich eine zweistündige Rundfahrt rund um das Zentrum, das den Mälarsee und den Saltsjön mit einschließt, sowie eine Fahrt nach Drottningsholm (1 Stunde vom Kai am Rathaus), die mit alten Ausflugsdampfern absolviert wird.

Göteborg

An der Mündung des Götaälv liegt Schwedens zweitgrößte Stadt, die den Beinamen »Pforte zum Westen« trägt. Die weltoffene, lebendige Stadt ist bekannt für ihr quirliges Nachtleben. Dazu gehört vor allem der Liseberg, Schwedens größtes Vergnügungsviertel, das am Ostrand des Zentrums liegt. Die Handels- und Wirtschaftsstadt Göteborg hat sich in relativ kurzer Zeit zu einer offenen Metropole entwickelt, die im Stadtkern etliche kulturelle Sehenswürdigkeiten bereithält. Daneben lohnt der Bezirk Håga einen Besuch, in dem sich gemütliche Cafés und bunte Geschäfte aneinanderreihen. Im Osten der Stadt liegt ein einzigartiges Naherholungsgebiet, Skåtas, das über kilometerlange Spazierwege, Kanurouten und Trails verfügt.

Uppsala

Uppsala gilt als die geistige Wiege Schwedens und ist auch für seine herrlichen Promenaden am Fyrisfluss bekannt. Die Universitätsstadt präsentiert sich prunkvoll und lebhaft: Straßencafés, großzügige Grünanlagen und einladende Einkaufsstraßen locken die Besucher an. Die schönste Sehenswürdigkeit ist der monumentale Dom, der auch der erzbischöfliche Sitz der schwedischen Staatskirche und das religiöse Zentrum des Landes sowie Skandinaviens größtes Gotteshaus ist. Einen Pflichtbesuch für Naturfreunde stellt der Botanische Garten dar, der auf den berühmten Forscher Carl von Linné zurückgeht. Nur 15 km von Uppsala entfernt befindet sich in Hammarby Carl von Linnés Landsitz.

Bohuslän

Keine Region Schwedens ist stärker vom Meer geprägt, und nirgends sind die Sommer so sonnig wie im Bohuslän an der Westküste. Nach Göteborg reiht sich das Labyrinth aus Inseln, Granitküsten und Meeresstraßen aneinander, das im Norden bis Svinesund an der norwegischen Grenze reicht. Zentren sind vor allem Smögen, das Seglerparadies, ferner Lysekil, Hamburgsund, Fjällbacka, Grebbestad oder die Inseln Marstrand, Orust und

1 *Das Rathaus von Helsingborg in Skåne.* – 2 *Der zugefrorene Talvatis-See bei Jokkmokk in Lappland eignet sich für vielerlei Winteraktivitäten, auch zum Hundeschlittenfahren.* – 3 *Biber lassen sich in Schweden vor allem in Dalarna sichten.*

Tjörn. Das Bohuslän ist auch für urzeitliche Felsritzungen bekannt.

Dalsland

Dalsland ist Schweden im Kleinformat – wohl daher gehört es zu den beliebtesten Urlaubsregionen des Landes. Östlich an das Bohuslän anschließend, gilt es als das Kanurevier des Landes. Die Eiszeiten hinterließen langgestreckte Seen, die durch die Schleusen des Dalslandkanal zu einer hunderte Kilometer langen Wasserstraßen verbunden sind. Es gibt für die Kanuten zahlreiche kleine Campingplätze, die meist auf den Inseln liegen und eine gemütliche Form von Abenteuerurlaub ermöglichen. Die städtischen Zentren des Dalslandes sind Ed und Bengtsfors, an mehreren Punkten kann man Kanus (Kanotcentral) ausleihen, um Tagestouren oder mehrtägige Ausflüge zu unternehmen.

Siljansee

Diese Bilderbuchlandschaft im Herzen Dalarnas empfängt uns mit sanften Landschaften, tiefblauen Seen, lieblichen Orten und lebendigen Traditionen, die die schwedischen Klischees als Realität bestätigen. Hauptort ist Mora am nördlichen Siljansee, der Zielort des berühmten Wasalaufs, aber auch Sitz des Museums des Malers Anders Zorn. Weitere Orte sind Leksand, Orsa und Tällberg, in dem die landschaftlichen Schönheiten gepaart mit den roten Häuschen zum absoluten Superlativ kumulieren. Für das Siljansee-Gebiet sind auch das kreisrunde Knäckebrot und das kleine rote hölzerne Pferdchen, Dala Häst, bekannt.

Östersund – Åre

Die letzte Großstadt auf dem Weg nach Lappland liegt etwa in der geografischen Mitte Schwedens. Östersund hat heute 65 000 Einwohner und dient den Menschen der umliegenden Region als Versorgungsstation. Bekannt ist das moderne Biathlonstadion, in dem jährlich der Weltcup-Auftakt und regelmäßig Weltmeisterschaften stattfinden. Die Lage am Storsjön macht den Reiz der Stadt aus, der die sonnenreiche Insel Frösön vorgelagert ist. Åre, etwa 100 km westlich gelegen, gilt als alpines Zentrum Schwedens, auch hier finden Weltcuprennen und Weltmeisterschaften statt.

Silvervägen

Die Straße Silvervägen führt uns durch das fantastische Seengebiet rund um Arjeplog und durchquert das Kerngebiet der schwedischen Waldsamis. Arvidsjaur, das inmitten der Wälder liegt, ist das erste echte Lappendorf auf der Fahrt nach Norden. Schon im 17. Jahrhundert wurde dieser bedeutende Markt- und Kirchplatz der Samis gegründet – er ist damit das älteste Samen-Kirchdorf Lapplands. Die Samis hielten sich hier nur zur Zeit der Märkte auf.

Weltkulturerbe Lapponia

Die letzten Wildnisgebiete Europas, bewahrt in den Nationalparks Sarek, Padjelanta und Abisko, wurden zusammen mit dem Gebirgen rund um den Kebnekaise zum Weltnaturerbe Lapponia zusammengeschlossen. Es ist ein Paradies für Weitwanderer, Angler, Naturliebhaber und Abenteurer. Städtische Zentren sind Gällivare und Kiruna.

Gotland

Gotland liegt in der Mitte der Ostsee, 90 Kilometer vom schwedischen und 130 Kilometer vom baltischen Festland entfernt. Zur Zeit der Wikinger und vor allem der Hanse war es das nordische Handelszentrum des Ostseeraums und des Nordens. 1679 kam es dauerhaft zu Schweden. Heute träumt die Insel, die zahlreiche kulturhistorische Sehenswürdigkeiten bietet, vor sich hin. Im August findet jedes Jahr das Mittelalterfest statt und versetzt die Hauptstadt Visby mit seinen Kirchen und der fast geschlossenen Stadtmauer in die Vergangenheit. Die Insel reizt aber auch durch die Küsten, die Heiden mit den Windmühlen und durch eine Blumenpracht, die aus zahlreichen Orchideen besteht.

1

2

Festivals & Events

Lappenmarkt in Jokkmokk – Februar

Anfang Februar wird in Jokkmokk der traditionelle Wintermarkt abgehalten, der einem Volksfest gleichkommt. Große Ausstellung von Kunsthandwerk, Viehmarkt, zahlreiche Veranstaltungen wie das Rentierrennen auf dem zugefrorenen Talvatis-See. Dieser Markt findet immer mehr Anklang bei den Touristen, die direkt nach Arvidsjaur fliegen oder mit der Inlandsbanan anreisen können.

Wasalauf-Woche – März

Am ersten Sonntag im März sowie in den acht Tagen davor steht die Region rund um den Siljansee, vor allem Mora, im Zeichen des Wasalaufs. Der größte Volkslanglauf der Welt bringt über 45 000 Sportler aus aller Welt nach Mittelschweden, um an den unterschiedlichen Bewerben teilzunehmen. Als Rahmenveranstaltung werden Märkte, Ausstellungen und Feste abgehalten. Am ersten Sonntag findet dann der Hauptbewerb statt, der 90 km lange Volkslauf von Sälen nach Mora. www.vasaloppet.se.

Walpurgisnacht (Valborg) – April

Am 30. April wird sowohl der Geburtstag des König Carl Gustav, als auch die Walpurgisnacht als richtiges Familienfest gefeiert. Nach Sonnenuntergang werden riesige Lagerfeuer abgebrannt, gleichsam als Abschied vom Winter und der ersehnten Ankunft des Frühlings.

Staatsfeiertag – Juni

Am 6. Juni feiern die Schweden ihren Nationalfeiertag.

Midsommerfest – Juni

Das wichtigste Fest ist das Mittsommernachtsfest, das an dem Samstag, der dem 24. Juni am nächsten liegt, gefeiert wird. Vor allem in Dalarna hat das Fest eine große Tradition. In jedem Ort (z.B.: Leksand, Tällberg, Rättvik, Furudal) rund um den See werden die Zeremonien nach genau festgelegtem Ritual aufgeführt, wobei es vor allem um das Aufstellen des Maibaumes geht. Daneben finden Gesangsdarbietungen, Konzerte, Trachtentänze und das große Mittsommerfest mit riesigem Feuer statt.

Mittelalterfest auf Gotland – August

Die »Medeltidsveckan« verwandelt Visby, die Hauptstadt von Gotland, am zweiten Sonntag im August in eine andere Welt. Die gesamte Stadt gleicht einer mittelalterlichen Siedlung, es gibt Märkte, Feste, Ritterturniere und andere Wettkämpfe. Auch die Zuschauer verkleiden sich mittelalterlich.

Surströmming-Fest – August

Das Fest des Krebse-Essens »Kraftskiva« findet landesweit am dritten Sonntag im August statt. Es gehört zu den beliebten Traditionen der Schweden und wird im Familien- und Freundeskreis meist im Freien abgehalten. Ein Brauch ist, sich dabei eine Papiermütze aufzusetzen.

Lucia-Fest – Dezember

Am 13. Dezember findet landesweit das Fest der Hl. Lucia statt. Am Luciadagen ziehen blonde Mädchen weiße Kleider an, setzen einen Kranz aus brennenden Kerzen auf und ziehen in Prozessionen durch die Städte.

Weihnachten – Dezember

Die Adventszeit und Weihnachten werden im ganzen Land intensiv und stimmungsvoll gefeiert. Die Weihnachtszeit dauert vom ersten Advent bis zum 13. Januar. Adventskranz, Weihnachtsmärkte und der Weihnachtsbaum dürfen als Symbole für Weihnachten dabei natürlich nicht fehlen. Ein besonders stimmungsvoller Weihnachtsmarkt wird im Stockholmer Freilichtmuseum Skansen aufgebaut.
Zur Adventszeit gehört auch das Festessen mit einem reichhaltigen Buffet, das in einigen Gasthäusern, vor allem im Stockholmer Schärengarten, aufgetischt wird. Dazu trinkt man Julmost, ein malzähnliches Getränk.

1 *Die Kassiope wächst in den Mooren und Fjällheiden.* – 2 *Fjäll-Landschaft bei Jokkmokk.* – 3 *Im Freilichtmuseum Skansen.*

Zeittafel

Vor 10 000 Jahren
In Südschweden siedeln erstmals Menschen.

Bronzezeit: 1800 bis 500 v. Chr.
Die Felszeichnungen von Vitlycke, Fossum und Tanum im Bohuslän entstehen.

400 bis 800
Völkerwanderung und Wendelzeit, die Svear-Häuptlinge gründen ein erstes einheitliches Reich. Birka auf Björkö wird das weltliche Zentrum.

750 bis 1050
Wikingerzeit; Ansgar von Bremen errichtet eine erste Kirche.

Ab 1000
Siegeszug des Christentums. In Skara entsteht um 1015 ein erster Bischofssitz.

1248 bis 1266
Unter der Regentschaft von Birger Jarl erlebt Schweden eine neue Blütezeit. Er gründet die Siedlung Stockholm.

1397 bis 1512
Dänemark, Norwegen und Schweden mit seiner Provinz Finnland vereinigen sich 1397 zur »Kalmarer Union«.

1477
In Uppsala wird die erste Universität des Landes gegründet.

16. Jh
Kristian II. will 1520 mit dem »Stockholmer Blutbad« seine Gegner vernichten, scheitert jedoch. Gustav Wasa wird 1523 König und macht das Land zu einem modernen Zentralstaat.

17. Jh.
Gustav II. Adolf, der 16-jährige Sohn Karls IX., führt die so genannte Großmachtzeit ein. 1632 fällt er in der Schlacht von Lützen. Schweden geht 1648 beim Westfälischen Frieden als Sieger aus dem Dreißigjährigen Krieg hervor.

1771
Unter der Regentschaft von Gustav III. (1771–1792) setzt eine Blüte der Wirtschaft, Wissenschaft und Kultur ein. Er führt den Absolutismus ein.

1813
Die Truppen Karls XIV. Johann besiegen in der Völkerschlacht von Leipzig Dänemark – der bis heute letzte Krieg, den Schweden geführt hat.

1814
Der Wiener Kongress beschließt, dass Dänemark Norwegen an Schweden abtreten muss. Norwegen bleibt autonom mit eigener Verfassung. Die Union besteht bis 1905.

1832
Der Götakanal wird eröffnet.

1866
Der Zweikammer-Reichstag wird geschaffen, der einen tiefgreifenden sozialen Wandel einleitet.

1905 bis 1924
1,3 Millionen Schweden wandern aus, viele nach Amerika. Die Sozialdemokratie setzt sich durch.

1907 bis 1950
Unter der Regentschaft Gustavs V. wird das Land endgültig zu einer parlamentarischen Demokratie. Schweden bewahrt während beider Weltkriege seine Neutralität.

1950
Unter Gustav VI. Adolf (1950–1973) erblüht die nationale Wirtschaft und Politik. Schweden wird UN-Mitglied.

1969
Olof Palme wird Ministerpräsident. Er bleibt es bis 1976.

1973
Carl XVI. Gustav wird König. Er heiratet die bürgerliche Deutsche Sylvia Sommerlath.

1986
Olov Palme wird am 28. Februar in Stockholm auf offener Straße erschossen.

1994
In einer Volksabstimmung entscheiden sich die Schweden für den EU-Beitritt.

2000
Nach siebenjähriger Bauzeit wird die Öresundbrücke eröffnet.

2002
Am 28. Januar stirbt die Kinderbuchautorin Astrid Lindgren 94-jährig in Stockholm.

2005
Die Svinesundbrücke zwischen Schweden und Norwegen wird eröffnet.

2010
Schwedens Kronprinzessin Victoria heiratet am 19. Juni den Bürgerlichen Daniel Westling.

2012
Schweden gewinnt in Baku/Aserbaidschan den Eurovision Song Contest und richtet am 18. Mai 2013 seinerseits in Malmö den größten Gesangswettbewerb der Welt aus.

1

2

Übernachten & Genießen

Stockholm

Übernachten

Den Röda Båten
Das originellste Hotel Stockholms, untergebracht in einem alten Dampfschiff am Kai von Södermalm im Mälarsee. Södermälarstrand 10, Tel. +46 8/6444385, www.theredboat.com

Ice Hotel
Trotz der Lage unmittelbar am Hauptbahnhof sehr ruhiges Mittelklasse-Hotel mit schönen Design-Zimmern. Das Besondere: Die Eisblöcke, aus denen die Icebar erbaut ist, kommen aus Jukkasjärvi nahe Kiruna. Tel. +46 8/50563520, www.icehotel.com

Hotel Clarion
Unweit vom Hauptbahnhof bietet dieses moderne Hotel der gehobenen Preisklasse Designer-Business-Zimmer und ein Spa mit Außenpool auf dem Dach. Tel. +46 8/4621010, www.clarionstockholm.com.

Jugendherberge Af Chapman
Im Dreimast-Brigg-Segelboot, das vor Skeppsholmen gegenüber von Gamla Stan ankert. www.hostelworld.se.

Genießen

Choklatkoppen
Der leckerste Schokokuchen der Stadt, dazu Kaffee und Kakao in der »boule«. Man sitzt im Sommer draußen mit Blick auf den Hauptplatz. Tel. +46 8/203170, www.choklatkoppen.se

Hermanns Trädgårdcafé
All-you-can-eat-Restaurant mit ausschließlich vegetarischen Speisen über dem Fotografiska-Museum in Södermalm mit dem wohl besten Blick auf Gamla Stan, Skeppsholmen und den Saltsjön. Fjällgatan 23 B, Tel +46 8/6439480, www.gastrogate.com

Operakälaren
Eines der schönsten und teuersten Restaurants Stockholms, direkt am Kungsträdgården für Freunde der »haute cuisine«, im Sommer sitzt man auf der Veranda mit Blick auf das Schloss. Tel. +46 8/6765800, www.operakallaren.se

Utö Värdshus
Ziel eines Tagesausflugs in die Schären und ein beliebter Treff am Sonntag für typisch schwedische Fischspezialitäten. Dem Restaurant ist ein kleines Hotel angeschlossen. 13056 Gruvbryggan, Utö, Tel. +46 8/50420300, www.utovardshus.se

Göteborg

Übernachten

Hotel Allén
Kleines Mittelklassehotel im Stadtzentrum am Kungsportsplatsen. Parkgatan 10, Tel. +46 31/101450

Novotel Göteborg
Direkt am Ufer des Götaälv mit Blick auf den Hafen und nur zehn Autominuten vom Zentrum entfernt. Gemütliches Haus mit 150 Zimmern, Restaurant und Pub. Tel. +46 31/7202200, www.accorhotels.com

Hotel Gothia Towers
Modernes First-Class-Hotel mit 294 Zimmern nahe am Messegelände und am Vergnügungspark Liseberg. Mässans Gata 24, Tel. + 46 31/7508800, www.gothiatowers.com

Genießen

Linnéterrassen Kök & Bar
Gute Hausmannskost auf einer herrlichen Terrasse; wegen der Bar ein Szenelokal. Tel. +46 31/240890, www.linneterrassen.se

Mauritz Café
Eines der ältesten Kaffeehäuser der Stadt (1888), stimmungsvolles Interieur, Kaffee aus aller Welt, schwedischer Kuchen. Fredsgatan 2, Tel. +46 31/806971, www.mauritzkaffe.se

Uppsala

Übernachten

Hotel Linné
Gemütliches, familiäres Hotel, vom Frühstücksraum blickt man auf Linnés Botanischen Garten. Skolgatan 45, Tel. +46 18/102000

Malmö

Übernachten

Hotel Scandic Kramer
Ältestes Nobelhotel der Stadt mit 113 Zimmern in einem Gebäude von 1875, das komplett restauriert wurde. Tel. +46 40/6935400, www.scandic-hotels.com

Restaurang Årstiderna
»Essen und Trinken für alle Sinne, alle Jahreszeiten und alle

1 *In der Altstadt von Västervik.* – 2 *Der Stora Torget in Linköping.* – 3 *Nostalgisch: Tante-Emma-Laden in der Altstadt von Gamla Linköping, die heute ein Freilichtmuseum ist.*

Anlässe« im Kockska Huset. Frans Suellsgatan 3, Tel. +46 40/230910, www.arstinderna.se

Bohuslän

Übernachten

Stadthotellet Lysekil
Malerisches Hotel im Zentrum von Lysekil. Rosvikstorg 1, Tel. +46 523/611860

Genießen

Tanums Gestgifveri
Das älteste Gasthaus Schwedens, 1663 gegründet. Kleines, Hotel, Restaurant mit preisgekrönter Küche. Tanumshede, Tel. +46 525/29010

Dalsland

Übernachten

Kanalvillan
An der Långbron in Dals-Långed birgt die ehemalige Dienstvilla des Kanaldirektors am Dalsland-Kanal ein charmantes Hotel, idyllisch an der Südspitze des Laxsjön gelegen. Tel. +46 531/41116, www.kanalvillan.com

Genießen

Falkholts Dalslandkrog
Wild- und Fischspezialitäten aus der Region mit modernem Touch. Norebyn 7, Dals Långed, Tel. +46 531/5315070, www.falkholt.com

Småland

Übernachten & Genießen

Hestraviken
Luxuriöses Landhotel in der Nähe des Isabergs, hervorragende Küche, ruhige Lage. Hestra, Tel +46 370/336800, www.hestraviken.se

Värmland

Übernachten

Quality Hotel Selma Lagerlöf
In Sunne nahe dem Rottneros Park befindet sich diese moderne Anlage mit Spa. Tel. +46 565/688800, www.selmahotel.se

Siljansee

Übernachten

Hotel Fryksås & Gästgiveri
Hotel im Stil eines historischen Dalarna-Holzbaus mit 12 Zimmern in exklusiver Lage und toller Aussicht, am Südrand des Hochplateaus von Fryksås. Tel. +46 250/46020

Übernachten & Genießen

Hotel-Restaurant Dalecarlia in Tällberg
Luxusherberge im klassischen roten Holzbaustil auf einer Anhöhe über Tällberg, das zu den schönsten Dörfern Schwedens gehört. Neu gestalteter Spa- und Wellnessbereich, tolles Gourmetrestaurant. Tel. +46 247/50240, www.dalecarlia.se

Hotel Klockargården
Zimmer in mehreren Holzhäusern, Gastgarten mit historischen Gebäuden, Andenkenladen, Galerie, Automobilmuseum, Cafeteria. Tällberg Tel. +46 247/50260, www.klockargarden.se

Orsa Grönklitt
Am Hochplateau von Grönklitt werden rustikale und moderne Holz- und Blockhütten für vier bis zehn Besucher angeboten. Im Rezeptionsgebäude sind ein kleiner Laden und ein Restaurant untergebracht. 79421 Orsa, Tel. +46 250/46200, www.gronklitt.se

Östersund, Jämtland, Härjedalen

Übernachten

Scandic Hotel Östersund
Mittelklassehotel im Zentrum von Östersund. Krondikensvägen 97, Tel. +46 63/127560

Lappland

Übernachten & Genießen

Hotell Fjället
In Björkliden an den Hängen des Njulla, gleich neben dem nördlichsten Golfplatz der Welt. Zimmer im Haupthaus und in Blockhütten; Campingplatz. Tel. +46 980/40200, www.björkliden.com

Genießen

Ajtte Restaurangen
Im renommierten Sami-Museum werden stilechtes Fladenbrot, Rentierschinken und andere heimische Spezialitäten aus Lappland serviert. Tel. +46 971/17091, www.ajtte.com

Schweden von A bis Z

Anreise

Mit dem Auto

Vom dänischen Festland auf dem Landweg (Jütland) über die E 20 und dann über die erste Hängebrücke, die den Großen Belt quert, nach Seeland. Südlich von Kopenhagen beginnt die Straße über den Öresund, die durch einen Tunnel auf eine künstliche Insel führt und dann über eine acht Kilometer lange Brücke südlich von Malmö das schwedische Festland erreicht.

Mit der Fähre

Die sogenannte Vogelfluglinie besteht aus zwei Fähren und verläuft vom deutschen Puttgarden ins dänische Rödby. Die beste Nachtverbindung stellt die Strecke Kiel–Göteborg dar. Dazu kommen folgende Verbindungen: Travemünde–Trelleborg, Fredrikshavn–Göteborg und Grena–Varberg/Halmstad.

Mit der Bahn

Ab Hamburg verkehren Direktzüge über Dänemark nach Stockholm. Die Waggons werden über die Vogelfluglinie direkt verschifft, die Fahrgäste müssen den Zug nicht verlassen.

Mit dem Flugzeug

Schweden besitzt drei internationale Flughäfen: Arlanda, 40 Kilometer nördlich von Stockholm, Göteborg-Landvetter, etwa 25 Kilometer östlich der Stadt, und Stavsta, etwa 100 km südlich von Stockholm.

Von Stockholm Arlanda und Stockholm-Bromma City Airport gehen Inlandsflüge zu allen größeren Städten des Landes und nach Finnland. Nach Malmö fliegt man via Kopenhagen. Vom Flughafen Kastrup fahren halbstündlich Schnellbahnen über die Öresundbrücke nach Malmö.

Angeln

Die Schweden angeln für ihr Leben gern. In den zahlreichen Seen und Flüssen gibt es jede Menge Fische. Nicht nur die Einheimischen, sondern auch die Touristen widmen sich diesem Sport. Mietangebote für Hütten inklusive Angelberechtigung gibt es fast überall. In den fünf großen Seen Vänern, Vättern, Mälaren, Hjälmaren und Storsjön ist das Angeln ebenso wie entlang der Küsten ohne Genehmigung erlaubt. Ansonsten benötigt man eine Angelkarte, die tage- oder wochenweise gilt und in Touristenbüros, Sportgeschäften und privaten Bezugsstellen erhältlich ist. Als bester Lachsfluss Europas gilt der Kalixälv an der Grenze zu Finnland.

Ärztliche Versorgung

Schweden hat ein Sozialversicherungsabkommen mit Deutschland und Österreich (nicht aber mit der Schweiz), so dass die heimische Krankenkasse für einen Arztbesuch alle Leistungen erstattet, die schwedischen Staatsbürgern zustehen. Da der Patient allerdings für jeden Arztbesuch und jedes Rezept eine Selbstbeteiligung leisten muss, empfiehlt es sich, eine private Reisekrankenversicherung abzuschließen.

Auskunft

Zentrale Informationsstelle für Schweden und Stockholm: Stockholm Turist Center, Vasagatan 14, 11120 Stockholm, www.visitstockholm.com

Autofahren

Die nationalen Dokumente wie Führerschein und Zulassungsschein sind in Schweden gültig, müssen aber stets mitgeführt werden. In Schweden besteht Gurtpflicht, und auch tagsüber muss das Abblendlicht eingeschaltet sein. Die Promillegrenze liegt bei 0,2, Fahren unter Alkoholeinfluss wird streng bestraft. Auch die Geschwindigkeitsgrenzen werden häufig kontrolliert, schon geringe Überschreitungen ziehen saftige Geldstrafen nach sich. Wenn nicht anders angegeben, gelten in den Ortschaften 50 km/h, auf Landstraßen 70 km/h (Ausnahme: Riksvägen 90 km/h) und auf Autobahnen 110 km/h. Bei der Einfahrt in Ortschaften zeigen Schilder Zeitangaben und das Wort »tomgangskörning«. Das bezieht sich auf das Warmlaufenlassen des Motors, das meist verboten oder auf eine Minute begrenzt ist.

1 *Das Vergnügungsviertel Gröna Lund in Stockholm.* – 2 *Der kleine Hafen Valdemarsvik in Östergötland.* – 3 *Im Fischerhafen von Mölle.*

Das Schild »datumzon« bezieht sich auf das Parken. Es gibt an, zu welcher Tageszeit das Parken gebührenpflichtig ist (meist tagsüber bis 18 Uhr).

Camping

Camping ist die beste Möglichkeit, Schweden zu erleben. Es gibt etwa 800 Campingplätze, die oft an einem See oder Fluss liegen. Die meisten Plätze sind auf der Homepage www.camping.se registriert. Das »Jedermannsrecht« erlaubt es, auf allen öffentlichen Flächen und dort, wo es nicht ausdrücklich verboten ist, 24 Stunden zu kampieren. Sveriges Campingvärdars Riksförbund, Mässans Gata 10, Box 5079, 40222 Göteborg, www.scr.se

Einreise

Für die Einreise nach Schweden brauchen EU-Bürger einen gültigen Reisepass oder Personalausweis. Kinder unter 16 Jahren können im Pass der Eltern eingetragen sein oder mit einem Kinderausweis reisen. Bürger aus Nicht-EU-Staaten benötigen einen Reisepass.

Essen

Smørgåsbord heißt das Zauberwort der schwedischen Küche: An diesem reich gedeckten Tisch oder Buffet mit traditioneller Speisenfolge wird jeder satt. Der erste Gang besteht aus Spezialitäten des Schärengartens wie Senfhering, Strömmingsrolle, Strömmingssteak und Schärenbrot. Der zweite Gang beinhaltet leicht gesalzenen Lachs und Rogen, dazu Dillkartoffeln und ein kühles Bier. »Teller drei« ist den Salaten vorbehalten: Rote Bete, Tomaten, Pilze. Der »vierte Teller«, der Gourmetteller, umfasst eine Mischung aus Leberpastete, Roastbeef, Putenfleisch und Gemüse. Der fünfte Gang besteht aus der warmen Hauptspeise – entweder aus gedünstetem Fisch mit Tomatensauce und Reis oder gegrilltem Roastbeef mit Kartoffelgratin, heller Kräutersauce und Ratatouille-Gemüse. Dann folgt der Käseteller mit skandinavischen Käsesorten. Zum Abschluss des Festmahls gibt es Mandeltorte, Obstsalat und andere Kuchen. Ansonsten heißt der Mittagstisch »lunch« und das Abendessen »middag«. Frühstück ist »frukost«. Weitere bekannte Spezialitäten sind Knäckebrot, Hering und Lachs, als Landestypisches reicht man Elch- und Rentierfleisch und das Nationalgericht »pytt-i-panna«, ein Pfannengericht mit Kartoffeln, Wurst, Speck und Zwiebeln.

Feiertage

Die Feiertage entsprechen denen in Deutschland, mit ausnahme von Allerheiligen, das in ganz Schweden ein Feiertag ist. Am Schwedischen Nationalfeiertag (6. Juni) wird normal gearbeitet. Das Mittsommerfest um den 21. Juni ist zwar kein offizieller Feiertag, wird aber als solcher betrachtet. Dann haben fast alle Geschäfte und öffentlichen Einrichtungen geschlossen oder verkürzte Öffnungszeiten.

Geld

Schweden ist nicht Mitglied der Europäischen Währungsunion. Währungseinheit ist die Schwedische Krone (SEK), die aus 100 Öre besteht. Es gibt aber nur 50-Öre-Münzen, so dass beim Zahlen stets auf- oder abgerundet wird. Weitere Münzen: ein, fünf, zehn Kronen, Scheine zu 20, 50, 100, 200 und 500 SEK. Es werden alle gängigen Kreditkarten akzeptiert, mit EC-Karte und Geheimzahl können Sie auch an schwedischen Geldautomaten Bargeld (bis zu 2000 SEK) beziehen. Die schwedischen Wechselstuben heißen FOREX und sind in den Bahnhöfen, Fährhäfen und Flughäfen zu finden.

Golf

Schweden besitzt neben den USA und Großbritannien die meisten Golfplätze der Welt. Die Sportart ist weit verbreitet und hier nicht so elitär wie in Mitteleuropa – auch wenn es sehr noble und traumhaft angelegte Plätze gibt. Der Neun-Loch-Platz in Björkliden ist der nördlichste Golfplatz der Welt.

Besonders in den südlichen Landesteilen bis auf Höhe des Siljansees finden sich fast in

1

2

Schweden von A bis Z

jedem Ort Golfplätze, spezielle Golfpakete inklusive Unterkunft und Greenfee werden von zahlreichen Hotels angeboten.

Notrufnummern

Feuerwehr, Polizei, Rettungswagen: 90000
Nationaler Pannendienst: Larmtjänst AB (08) 241000

Reisezeit

Die klimatischen Unterschiede innerhalb Schwedens sind enorm. Im Sommer können im ganzen Land bis in den hohen Norden Temperaturen zwischen 25 und 30 Grad Celsius herrschen. Der Winter ist dagegen weniger einheitlich. Im Süden und Westen bewirken der Golfstrom sowie die Ost- und Nordsee ein maritimes Klima mit milden Wintern und wenig Schnee. Im Osten und Norden hingegen ist der Gebirgszug des Skanden für ein kontinentales Klima verantwortlich. Die Temperaturunterschiede zwischen Sommer und Winter sind hier viel extremer und die Winter sehr kalt. Im nordschwedischen Kiruna beträgt die Durchschnittstemperatur im Februar minus 12,9 Grad Celsius, in Stockholm minus 3,1 Grad Celsius, in Malmö minus 0,7 Grad Celsius.
Der größte Teil Schwedens liegt zudem im Regenschatten des Skanden-Gebirges, so dass Norwegen bei den vorherrschenden Westwinden den größten Anteil des Regens erhält. In Nordschweden ist es nur halb so viel, im Osten gar nur ein Fünftel des Niederschlags. Leider sind die Hauptreisemonate Juli und August die regenreichsten.
Dennoch ist die beste Reisezeit von Mitte Juni bis Ende August in Stockholm und in Südschweden bis Mitte/Ende September. In Schweden ist die Zeit zwischen der zweiten Junihälfte bis Mitte August die Sommersaison, dann steht auch das größte Angebot an Campingplätzen und Serviceeinrichtungen zur Verfügung. Auf den Fjälls und im Nordland kann bis Mitte/Ende Juni Schnee liegen, nach strengen Wintern sogar länger. Für Weitwanderungen eignet sich der August am besten, da zu dieser Zeit die Mückenplage abklingt. Mit dem ersten Nachtfrost ist die Mückensaison ganz vorbei. Die Mitternachtssonne scheint zum Beispiel in Gällivare vom 4. Juni bis 12. Juli, in Abisko vom 27. Mai bis 15. Juli. In Stockholm hingegen geht die Sonne im Juni von 22 bis 2 Uhr unter. Dunkel wird es aber nicht, höchstens dämmrig.
Für einen Winterurlaub ist der März zu empfehlen, da dann die extreme Kälte in Mittelschweden bereits abgeklungen ist, die Sonne schon wieder etwas höher am Himmel steht und länger scheint. Wie in Mitteleuropa kann im Hochwinter auf Frostperioden mit minus 30 Grad Celsius Tauwetter folgen oder der Winter generell schneearm sein.

Souvenirs

Als Reiseandenken sind neben dem berühmten Dalarna-Pferdchen Glaswaren, Schnitzereien, Holzwaren für die Küche und Keramik beliebt. Besonders gefragt sind auch die Helmsjöld-Läden, die in Haus- und Handarbeit erzeugte Dinge des täglichen Bedarfs feilbieten. Hier gibt es viel Originelles. Preiswertere Alternativen sind Räucherlachs, Marmeladen, vor allem aus Moltebeeren (hjortronsylt), sowie Trekking- und Campingartikel – Fjäll-Räven- oder Haglövs-Produkte zum Beispiel bekommt man hier recht günstig.

Unterkunft

Hotels

Grundsätzlich ist Schweden ein teures Reiseland, insbesondere Stadthotels können sehr hochpreisig sein. Ketten wie die Rica-Hotels, die Accor-Hotels oder die Best-Western-Gruppe bieten ab und zu günstige Pauschalangebote für Familien oder Wochenenden an, meist aber außerhalb der Hauptreisezeit.

Vadrarhem

Diese Unterkunftsvariante ist den Jugendherbergen vergleichbar, aber jeder Alters-

1 *Im Freilichtmuseum Jamtli in Östersund.* – 2 *Frühling im Nationalpark Stenshuvud.* – 3 *Die Fjälllandschaften sind von herber Schönheit.*

gruppe zugänglich. Viele werden vom Schwedischen Tourismusverband (STF) verwaltet und sind daher in jedem Winkel des Landes zu finden. Daneben gibt es eine ganze Reihe freier Vandrarhem. Die Preise bewegen sich zwischen 150 und 300 SEK pro Nacht und Person, wobei die Bettwäsche selbst mitgebracht werden muss.
Blockhäuser erfreuen sich bei Touristen wachsender Beliebtheit. Mehrere deutsche Reiseveranstalter bieten eine umfangreiche Auswahl an Hütten und Häusern an, die sich meist in Småland, Värmland oder Dalarna befinden. Man sollte sehr früh buchen (bis Februar) und bei der Auswahl exakt auf die Beschreibung achten. Gemietet wird in der Regel wochenweise.
Häufig besitzen auch Campingplätze Einzelhütten oder Hüttendörfer, die vor Ort zu mieten sind.

Wandern, Trekking

Klassische Tageswanderungen kann man in Schweden eher selten durchführen. Die meisten Strecken sind Weitwanderwege, die in mehreren Tagesetappen zu bewältigen sind. Neben dem bekannten Kungsleden (Lappland) gibt es auch in Süd- und Mittelschweden zahlreiche Weitwanderwege, zum Beispiel Bohusleden (Westküste), Berglagsleden (nördlich von Karlstad), Siljanleden (rund um den Siljansee, Dalarna), Kinnekulleleden (Vänernsee), Sevedeleden (Ost-Småland), Wasaloppsleden (von Sälen nach Mora), John Bauer-Leden (Vätternsee) oder Österlenleden (von Ystad bis Simrishamn).
Die Fjällgebiete des Nordens (ab den Westdalafjälls nahe Sälen) sind ein ideales Gebiet für Trekkingtouren. Ein 350 Kilometer langer Pfad führt beispielsweise von Sälen zu den Fjälls bei Åre. Mehrtagestouren kann man auch in Valadalen, den Fjälls bei Handäl, im Sylarnafjäll, im Vindelfjäll und allen Bergregionen entlang des Kungsleden bis zum Kebnekaise und Abisko machen.
Der Schwedische Tourismusverband (STF) unterhält über 90 einfache Fjällhütten und -stationen, die teilweise luxuriös ausgestattet sind. Übernachtungen in diesen Stationen (mit Frühstück oder Vollpension) sind im Voraus buchbar unter www.svenskaturistforeningen.se/de; Svenska Turistföreningen, Box 17251, 10462 Stockholm, Tel. + 46 84/632100, info@stfturist.se

Wassersport

Über 400 Gästehäfen an den Küsten machen Schweden zu einem Seglerparadies. An den Schärenküsten, den beliebtesten Revieren, sind die Liegeplatzgebühren relativ günstig und die Landschaft ist sehr abwechslungsreich. Infos: Svenska Seglarförbundet, www.svensksegling.se, af Pontins väg 6, 11521 Stockholm, ssf@ssf.se
Im Binnenland können Hobbyskipper von Anfang Mai bis Ende September den Götakanal befahren. Informationen: AB Götakanalbolag, Box 3, 59121 Motala, www.götakanal.se
Kanufahrer kommen in Dalsland, Värmland und Südwestsmåland auf ihre Kosten.

Wintersport

In Schweden ist wie in ganz Skandinavien der Langlauf Volkssport Nummer eins. Fast jede Gemeinde, jedes Dorf nördlich der Großen Seen präpariert Loipen, die nicht selten über beleuchtete Abschnitte verfügen. Das alpine Skifahren wird immer populärer. Zentren finden sich in den West-Dalarna-Fjälls bis zu den Bergen rund um Åre. Sälen, das Idrefjäll und die Region Åre-Duved sind die größten Skigebiete des Landes. Sie bieten moderne Liftanlagen, viele Unterkünfte und weitere touristische Einrichtungen wie Restaurants oder Diskotheken. Da die Winter sehr kalt und lange sehr dunkel ist, empfiehlt sich die Zeit zwischen Ende Februar und Ende März für einen Wintersporturlaub. Der STF öffnet im Winter alle Fjällstationen, so dass man auch ausgedehnte Skitouren über die Fjälls unternehmen kann.

1

2

Register

Orts- und Sachregister

1 *Abendstimmung bei Kisa am Pinnarpsjön.* – 2 *Die Steinsetzung Ales Stenar bei Kåseberga im Abendlicht.* – 3 *Die Gemeine Küchenschelle blüht in den Dünenheiden rund um den Nationalpark Stenshuvud in Blekinge.*

Personenregister

Impressum

Die Autoren

Peter Mertz (Text und Foto) arbeitet als freier Biologe, Naturfotograf und Buchautor in seinem Büro »Die Naturwerker – Design-Edition-Fotografie« in Innsbruck. Er hat bislang mehr als 70 Bildbände, Reise-, Wander- und Naturführer geschrieben und veröffentlicht regelmäßig Beiträge in renommierten Reisemagazinen. Dabei gehören die Naturlandschaften Europas und Nordamerikas sowie seine Heimat zu seinen Schwerpunkten.

Petra Woebke (Foto) reist regelmäßig bis in die entlegensten Gebiete dieser Erde. Sie veröffentlichte bereits zahlreiche Bücher und Kalender. Nachdem sie sich viele Jahre von der Südsee begeistern ließ, wandte sich die Landschaftsfotografin vor einiger Zeit dem Norden zu. Vor allem das einzigartige Licht in diesen Breitengraden hat sie in ihren Bann gezogen.

Bildnachweis

Peter Mertz, Innsbruck: S. 19 M., 17 o., 18 u., 20, 21, 28 o., 28 M., 28 u., 29 o., 29 u., 30 o., 30 u., 31, 32/33, 35 o., 37 M., 41, 42 o., 42 M., 45, 48 u., 53 o., 59 M., 63, 64, 67 o., 67 M., 67 u., 69 o., 69 u., 71, 79 o., 80, 81 o., 81 u., 83, 84, 85 o., 85 u., 87, 88, 92/93, 95 o., 95 u., 96 o., 96 u., 97, 98 o., 98 M., 98 u., 99 o., 101, 102, 103 o., 103 u., 105, 106 o., 107 u.l., 113 o., 113 M., 113 u., 114 u., 115 u., 118, 119 o., 120 o., 120 u., 121, 122, 123 o., 126/127, 129 u., 130, 132, 133 o., 133 u., 134 o., 135, 136, 137 u., 138 u., 139 o., 139 M., 139 u., 140, 141 o., 144, 145, 146, 147, 148, 152, 152/153, 154, 155;

Petra Woebke, Hamburg: S. 2/3, 5, 6/7, 8/9, 10, 12/13, 14/15, 16, 17 u., 18 o., 19 o., 19 u., 22 o., 22 u., 23 o., 23 M., 23 u., 24, 25 o., 25 u., 26 o., 26 u., 27, 35 u., 36 o., 36 u., 37 o., 37 u., 38, 39 o., 39 u., 40 o., 40 u., 42 u., 43, 44 o., 44 u., 46, 47 o., 47 u., 48 o., 49, 50, 51 o., 51 u., 52 o., 52 u., 53 u.l., 53 u.r., 54/55, 57 o., 57 u., 58, 59 o., 59 M., 59 u., 60, 61 o., 61 u., 62 o., 62 u., 65 o., 65 u., 66 o., 66 u., 68, 70 o., 70 u., 72/73, 74/75, 78, 79 M., 79 u., 82 o., 82 u., 86, 89 o., 89 u., 90/91, 99 u., 100, 104, 106 u., 107 o., 108/109, 111 o., 111 u., 112 o., 112 u., 115 o., 116 o., 116 u., 117, 119 u., 124/125, 129 o., 131, 134 u., 137 o., 138 o., 141 u., 144/145, 146/147, 148/149, 149, 150, 150/151, 151, 153, 154/155, 158/159;

Bildagentur Huber, Garmisch-Partenkirchen: S. 77 (Gräfenhain), 142/143 (Saffo, A.);

Picture Alliance, Frankfurt a.M.: S. 107 u.r. (dpa), 123 u. (dpaweb).

Umschlag

Vorderseite: Schöner kann sich der hohe Norden kaum präsentieren als an diesem einsamen Bootssteg nahe dem lappländischen Nikkaluokta. (Woebke, P.)

Rückseite: Wassersport ist überall in Schweden beliebt, auch im Schärengarten rund um Stockholm trifft man häufig auf Fans. (Mertz, P.)

S. 2/3: Farbenpracht: Pink auf Blau im Naturreservat Neptuni åkrar auf Öland.

S. 5: Kleine Blumenkönigin beim Mittsommerfest in Gränna.

S. 6/7: Schwedens Hauptstadt Stockholm von ihrer Schokoladenseite.

S. 8/9: Schärenidylle im alten Fischerhafen Norrhamnen auf Vaxholm.

S. 158/159: Im Naturschutzgebiet Gamle Hamn auf Fårö erstrahlt der »Hund« im Licht der untergehenden Sonne.

Alle Angaben dieses Werkes wurden vom Autor sorgfältig recherchiert und auf den aktuellen Stand gebracht sowie vom Verlag geprüft. Für die Richtigkeit der Angaben kann jedoch keine Haftung übernommen werden.

Für Hinweise und Anregungen sind wir jederzeit dankbar. Bitte richten Sie diese an:

Bruckmann Verlag
Postfach 40 02 09
D-80702 München
E-Mail: lektorat@bruckmann.de

Verantwortlich: Stephanie Iber
Korrektorat: Daniela Hansjakob, München
Layout: graphitecture book & edition, Fabienne Lutz, Rosenheim
Kartografie: Astrid Fischer-Leitl, München
Repro: Repro Ludwig, Zell am See
Herstellung: Bettina Schippel
Printed in Slovenia by Florjancic

Die Deutsche Nationalbibliothek verzeichnet diese Publikation in der Deutschen Nationalbibliografie; detaillierte bibliografische Daten sind über http://dnb.d-nb.de abrufbar.

Die Originalausgabe erschien 2004 unter dem Titel »Schweden« im Bruckmann Verlag. Vollständig aktualisierte und überarbeitete Ausgabe

ISBN 978-3-7654-6189-7

In gleicher Reihe erschienen ...

ISBN 978-3-7654-5645-9

ISBN 978-3-7654-5854-5

ISBN 978-3-7654-6052-4

ISBN 978-3-7654-5644-2

ISBN 978-3-7654-6183-5

ISBN 978-3-7654-6025-8

ISBN 978-3-7654-5371-7

ISBN 978-3-7654-6196-5

ISBN 978-3-7654-5853-8

ISBN 978-3-7654-6163-7

ISBN 978-3-7654-5647-3

ISBN 978-3-7654-6026-5

ISBN 978-3-7654-5643-5

ISBN 978-3-7654-5821-7

ISBN 978-3-7654-5535-3

ISBN 978-3-7654-5646-6

ISBN 978-3-7654-5418-9

ISBN 978-3-7654-5649-7

ISBN 978-3-7654-5372-4

ISBN 978-3-7654-6189-7

ISBN 978-3-7654-6051-7

ISBN 978-3-7654-6053-1

ISBN 978-3-7654-5642-8

ISBN 978-3-7654-5856-9

ISBN 978-3-7654-5648-0

ISBN 978-3-7654-6055-5

ISBN 978-3-7654-5865-1

BRUCKMANN
www.bruckmann.de